上海师范大学智库培育项目(2022)

休闲研究专著系列

中国城市休闲化发展
研究报告（2022）

THE ANNUAL REPORT ON CHINA'S URBAN
RECREATIONALIZATION DEVELOPMENT（2022）

李丽梅 楼嘉军 马红涛 刘源 等 著

上海交通大学出版社
SHANGHAI JIAO TONG UNIVERSITY PRESS

内容提要

本书是由上海师范大学休闲与旅游研究中心和华东师范大学工商管理学院休闲研究中心组成的"中国城市休闲化指数"课题组连续12年完成的我国城市休闲化发展研究报告。本书由三部分组成。第一部分是总报告,包括绪论、指标体系和研究对象与评价方法,以及城市休闲化报告等内容。第二部分是36个城市休闲化指标分析,包括城市类型划分标准和依据、36个城市的休闲化指标评价与分析等内容。第三部分是专题研究,由《我国红色旅游资源的时空格局及开发建议》《上海旅游品牌感知的区域差异研究》《基于实验人文地理学的农民工休闲行为及制约因素分析》三篇专题研究组成论述。对于我国城市休闲化进程中的文旅融合发展以及休闲美好生活建设等提供了一定的理论指导与实践借鉴。

本书可以用作高等院校旅游、休闲、会展、文化及社会学等专业师生的参考教材,也适合作为旅游管理、文化产业管理和城市公共服务管理部门的参考用书。

图书在版编目(CIP)数据

中国城市休闲化发展研究报告. 2022/ 李丽梅等著
. —上海:上海交通大学出版社,2023.9
ISBN 978-7-313-29343-5

Ⅰ. ①中… Ⅱ. ①李… Ⅲ. ①城市-闲暇社会学-研究报告-中国-2022 Ⅳ. ①C912.81

中国国家版本馆 CIP 数据核字(2023)第 162289 号

中国城市休闲化发展研究报告(2022)

ZHONGGUO CHENGSHI XIUXIANHUA FAZHAN YANJIU BAOGAO (2022)

著　　者:	李丽梅　楼嘉军　马红涛　刘源 等		
出版发行:	上海交通大学出版社	地　　址:	上海市番禺路 951 号
邮政编码:	200030	电　　话:	021-64071208
印　　制:	上海万卷印刷股份有限公司	经　　销:	全国新华书店
开　　本:	710 mm×1000 mm　1/16	印　　张:	15.75
字　　数:	191 千字		
版　　次:	2023 年 9 月第 1 版	印　　次:	2023 年 9 月第 1 次印刷
书　　号:	ISBN 978-7-313-29343-5		
定　　价:	78.00 元		

丛书编委会

序　言

　　一般认为,有关休闲理论的阐述或研究在古希腊时代就已经出现,至今已逾数千年。然而,作为一门相对独立的学科,休闲学科的发展历史并不很长,至今也就百余年的时间。由于休闲现象的复杂性,致使百余年来研究休闲的理论和方法总是处于不断的探索与完善之中,但从其演变的基本轨迹可以看出,休闲学科的发展勾勒了如下的发展和演变轨迹:由依附到独立,由单一学科到多学科,乃至由多学科到跨学科的发展过程。

　　休闲学科作为一个以跨学科为基础和特色的学科体系,一方面,在它发展的过程中,不间断地对相关的学科进行整合,并聚集于休闲学科的周围;另一方面,在休闲学科的发展过程中,在休闲学科与其他相关学科之间形成了围绕休闲学科的多个分支学科,诸如休闲社会学、休闲心理学、休闲经济学、休闲体育学、休闲教育学和游憩地理学等。从我国发展实际看,进入新世纪以来,由于休闲活动的常态性和广泛性,导致以休闲为研究对象的休闲学科除了以其他学科为依托之外,还与社会经济领域的相关产业,如与交通、商业、餐饮、娱乐、旅游、会展和节庆等行业也都发生紧密联系,进而成为推动休闲学科发展的外部产业支撑因素。此外,还需指出的是,随着5G技术的广泛应用,以及网络虚拟休闲空间的不断拓展和虚拟活动形式的不断丰富,近年来有关网络休闲行为、休闲方式和休闲影响的研究也正在逐步兴起。现实休闲与虚拟休闲的长期并存,将成为一种常态,且必将成为休闲学科需要直面的一个新的时代挑战与研究课题。

根据国际经验,一个国家或地区在人均GDP处于3 000～5 000美元发展水平之间,就将步入这样一个时期,即在居民生活方式、城市功能、产业结构和生态环境等方面相继形成休闲化特点的一个发展时期,或谓之休闲时代。正是基于这样的大背景,自2008年我国步入人均GDP3 000美元发展阶段以来,社会经济持续健康发展,人们生活水平不断提高,极大地促进了居民休闲活动的蓬勃发展,有力地推动了休闲服务产业的兴旺发达,直接驱动了休闲学科理论研究的不断深入。与此相适应,国内不少研究机构、高等院校和出版社适时推出了多种形式的休闲研究丛书。这些丛书的出版已经产生广泛的学术影响,并将在推动我国休闲学科研究理论深化和休闲实践发展方面持续发挥比较重要的作用。

"他山之石,可以攻玉。"于是,在上海交通大学出版社的协助下,由华东师范大学和上海师范大学相关老师联合组成的研究团队结合自身特点,经过与出版社的沟通,拟定了"休闲研究系列"的出版计划。整个"休闲研究系列"包括休闲学教材系列、休闲研究著作系列与休闲研究报告(年度)系列等三部分内容。根据研究计划与出版计划,研究系列的相关内容自2012年起陆续编辑出版。至今,整个休闲研究系列已经出版著作30余部。

从2019年起,我国已跨入人均GDP10 000美元的新阶段,标志着我国休闲社会的发展将由前期的速度型向质量型转变。与此同时,我们已经全面进入后小康时代的发展时期,居民对美好生活需要的追求已经成为大众休闲的核心内容。尤其是由国家发展改革委、文化和旅游部联合印发《国民旅游休闲发展纲要(2022—2030年)》,将进一步优化我国城市休闲化发展环境,完善城市休闲化服务体系,促进休闲及休闲相关产业的发展与融合,从而推动城市休闲化质量的内涵式提升。

对我们而言,休闲学科的发展面临着新的发展机遇与新的现实挑战,需要不断推动休闲学科的完善与发展。希望"休闲研究系列"的出版能够为我国休闲时代建设与休闲学科体系的完善尽微薄之力。

楼嘉军

前　言

　　《中国城市休闲化发展研究报告(2022)》由上海师范大学休闲与旅游研究中心和华东师范大学工商管理学院休闲研究中心联合完成,是"中国城市休闲化指数课题组"自 2011 年公开发布我国城市休闲化指数评价报告以来的第 12 份报告,也是目前我国有关休闲城市建设测度方面延续时间最长、最权威的研究报告。

　　《中国城市休闲化发展研究报告(2022)》立足于我国社会经济发展与城市建设的现状,从经济与产业发展、休闲服务与接待、休闲生活与消费、休闲空间与环境、交通设施与安全五个方面的 43 个指标,对列入监测的 22 个省会城市、5 个自治区首府城市、4 个直辖市和 5 个计划单列市,共计 36 个城市休闲化发展的现状进行测度与分析。纳入监测的 36 座城市,合计人口为 37 309.70 万人,约占全国总人口的 26.42%;合计面积为 536 029 平方公里,约占全国总面积的 5.59%;合计国内生产总值为 387 703.20 亿元,约占国内生产总值(GDP)的 38.25%。显然,通过研究 36 座城市的休闲化指数,对于全国范围内城市休闲化发展具有重要的引领作用与示范效应,希望借此为我国十四五期间社会主要矛盾纾解、居民生活高品质打造、美好生活需要不断满足,以及文化特色鲜明的国家级旅游休闲城市和旅游休闲街区建设,提供理论参考与实践借鉴。本报告得出以下几个结论。

第一,从发展态势看,36座城市休闲化水平呈现持续稳步增长趋势,发展格局基本稳定。其中,北京、上海、广州、重庆、深圳稳居前五,尽管个别城市排名会有些许变化,但是自2011年以来一直维持这样的发展态势。

第二,从区域层面看,东部地区城市休闲化水平依然领先,中西部地区略显滞后,总体上表现为由东向西递减的分布格局,与我国当前社会经济发展水平的分布格局大致吻合。值得注意的是,在"一带一路"倡议与西部大开发战略引导下,近年来中西部地区城市休闲化发展速度与发展质量出现比较明显的加速态势,进而形成"东部领先、中部崛起、西部赶超"的区域发展新格局。

第三,从城市之间比较看,差距仍然比较显著。例如,排名第一的北京与位列末尾的银川,从城市休闲化指数测度值看,两者之间的发展差距有5.005倍。相比于《中国城市休闲化发展研究报告(2011)》中,排名首位的城市与位列末位的城市之间存在7.64倍的差距,应该说已经有明显改善,充分说明我国城市在整体推进高质量发展,以实现城市间的协调性与均衡性发展目标方面取得显著进步。

第四,从城市规模比较看,排在发展前列的城市均是我国的超大或特大型城市,排在最后几位的城市基本属于中等城市、Ⅱ型大城市或Ⅰ型大城市。

第五,从城市性质比较看,作为计划单列市的深圳、宁波、厦门、青岛和大连5个城市,虽然不属于省会城市,但是由于自身经济发展条件较好,所以在城市休闲化指数排名方面,要高于大多数省会城市。特别是深圳,城市休闲化指数的综合排名一直处于第一梯队。

《中国城市休闲化发展报告(2022)》由以下三部分组成。第一部分是总报告,包括绪论、指标体系和研究对象与评价方法,以及城市休闲化报告等内容。第二部分是 36 个城市休闲化指标分析,包括城市类型划分标准和依据、36 个城市的休闲化指标评价与分析等内容。第三部分是专题研究。

本报告撰写分工如下。第一部分由楼嘉军、李丽梅负责完成。第二部分由李丽梅、楼嘉军、马红涛和刘源等负责完成。第三部分由张晨、宋长海、陈嘉玲、马红涛、黄民臣、周彬等完成。此外,参加本报告沙龙讨论与材料收集的还有毛润泽、施蓓琦、马剑瑜、关旭、陈享尔、向微、李淼、沈莉、张楠楠、赵玲玲等。

本报告是由上海师范大学与华东师范大学相关教师以及研究生组成的课题组共同完成。2022 年度报告得以顺利完成,与课题组全体成员近一年来的辛勤工作,以及以上各位老师和研究生同学的尽力配合密不可分。作为课题负责人,在此我谨向他们表示诚挚的敬意与真诚的感谢。

本报告是 2022 年度上海师范大学智库培育项目,感谢上海师范大学康年副校长对该项目给予的无微不至的关怀;感谢宋波院长对该项目的支持与帮助。在此再次深表谢意。同时,还要感谢上海交通大学出版社的倪华老师和张勇老师对本报告的出版与审校工作付出的心血。由于本报告有关城市休闲化发展评价工作涉及的研究数据采集量比较大,来源又多元化,加上我们认识的局限性,在理论阐述、数据处理、材料分析等方面难免会存在不足,敬请学者与读者批评指正。

楼嘉军

2023 年 7 月

目　录

第一部分　总报告

第二部分　36个城市休闲化指标分析

第三部分　专题研究

第一部分

总报告

第一章 绪 论

《中国城市休闲化发展报告(2022)》由上海师范大学休闲与旅游研究中心和华东师范大学工商管理学院休闲研究中心联合完成,是公开发布的有关我国城市休闲化指数评价的第 12 份报告,也是目前我国有关休闲城市建设测度方面延续时间最长、最权威的研究报告。

本报告纳入监测的 36 座城市,合计人口为 37 309.70 万人,约占全国总人口的 26.42%;合计面积为 536 029 平方公里,约占全国总面积的5.59%;合计国内生产总值为 387 703.20 亿元,约占国内生产总值(GDP)的 38.25%。显然,通过研究 36 座城市休闲化指数,对于全国范围内城市休闲化的发展具有重要的引领作用与示范效应。希望借此为新时代中国城市经济高质量发展、城市生活高品质打造,以及居民美好生活获得感的持续提升提供理论参考与实践借鉴。

为保证评价报告研究的延续性与可比性,2022 中国城市休闲化指数排行榜继续沿用 5 个一级指标、合计 43 个指标的评价体系,收集了最新一年 36 个城市的 1 548 个统计数据,并采用了原有的算法框架。希冀通过与以往结果的对比分析,能更清楚地洞察 2022 年中国城市休闲化发展的特征及未来发展趋势。

一、中国城市休闲化发展的总体特征

(一)城市休闲化发展稳中向好

随着中国经济从高速增长时代步入高质量发展阶段,城市休闲化也从规模发展迈入质量效益时代。从 12 年的数据结果看,北京、上海、广州、深圳、重庆已经成为中国城市休闲化发展的领军者,引领着未来城市休闲化发展的方向。北京,表现最好的指标依然是休闲服务与接待,这是反映一座城市休闲活动丰富性与多元性的指标。作为一座历史悠久的城市,北京拥有众多的历史名胜古迹,并以此为依托,孕育出一批文旅融合景观、社区休闲、文博展馆等不同类型的休闲文化业态。据公开资料显示,北京近年来坚持"科技赋能文化、文化赋能城市"的发展原则,持续推进休闲文化产业发展,取得显著成绩。中国人民大学文化产业发展研究院发布的"2021 中国省市文化产业发展指数"报告显示,北京连续六年在中国省市文化产业发展综合指数排名中保持第一,这一结果与本报告的研究结论基本吻合。北京所形成的"十五分钟公共文化服务圈"探索与实践,为其他城市立足以人民为中心开展日常化休闲文化活动提供了借鉴,这是满足人民美好生活需要的重要途径,更是建立文化自信强国的重要支撑。上海,表现最好的指标是经济与产业发展,这反映了一座城市发展休闲产业的基底是否丰厚,在这方面上海毋庸置疑拥有绝对优势。公开数据显示,2022 年我国城市地区生产总值排名第一的是上海。同时,上海又是我国常住人口数量排名第二的城市。经济体量的强大和人口规模的庞大,势必带来休闲产业门类的多元和休闲消费水平的强劲。2022 年上海实现社会消费品零售总额 1.64 万亿元,继续保持全国第一。在上海的消费品类中,国际知名高端品牌集聚度超过 90%,夜间经济综合实力位居全国之首,这一系列数据都反映出上海雄厚的经济实力所引致的休闲消费繁荣度特征。值得指出的是,上海的休闲消费观念也非常超前和时尚。以咖啡消费为例,相关数据显示,上海咖啡数量不仅排名全球第一,咖啡消费金额总量更是超过北京、广州、深圳消费之和。上海所展现出来的本地休闲化风潮,既是城市社会经济综合发展的必然结果,也是城市休闲化发展的重要体现。这也印证了经济是城市休闲化发展的重要基础这一基本规律。广州,表现最好的指标是休闲空间与环境,这是反映一座城市生态环境治理和户外游憩环境品质的指标。近年来,广州在生态环境治理改善方面持续发力,湿地、公园、绿道、亲水平台等户外休闲环境在高水平保护中不断高质量发展,取得了包括国际花园城市、联合国改善人居环境最佳范例奖,以及国家卫生城市、国家环境保护模范城市、国家园林城市、国家森林城市、国家文明城市等多项城市生态环境荣誉。广州立足绿色可持续发展理念,大力优化城市环境,带来的直接结果就是吸引了大批年轻人来此工作和生活。深圳和重庆的五大维度指标中,尚未有排名第一的指标,但两座城市大多数指标的发展水平,以及发展的平稳性相对要好于国内其他城市,所以能够跻身我国城市休闲化发展的前五位。具体来看,深圳的经济与产业发展、休闲空间与环境指标水平相对较好;重庆的休闲服务与接待指标水平相对较好,这都与城市自身的经济实力、人口规模等有着必然的内在联系。从中可以看出,中国城市休闲化发展有着中国式现代化特色,经济总量、人口规模等因素推动着中国城市休闲化发展水平的提升。

除了上述五大城市,排名中间的城市多为特大城市,比如南京、武汉、西安、昆明、青岛、郑州、沈阳等。这些城市多为区域中心城市,近年来社会经济发展水平不断提升,城市影响力持续扩散,显然中国城市更新迭代速度之快已成为推进中国城市休闲化高质量发展的重要驱动力。值得注意的是,中国城市休闲化发展过程中,区域中心城市的作用不可小觑,因其集中了人口、资源、政策上的优势,在自身城市休闲化高质量发展的同时,也可以通过反哺、联动周边临近城市,带动区域休闲化水平整体协同均衡发展。排名相对靠后的城市主要为Ⅰ型大城市和Ⅱ型大城,如海口、南宁、银川、西宁等。这类城市社会经济发展体量普遍较弱,且人口规模较小，这在一定程度上制约了城市休闲化的快速发展。不过令人欣慰的是，在中国城市经济整体推进的同时，城市休闲化水平整体上呈现积极向前的发展态势。从过往 12 年的数据可以看出，首尾城市的休闲化综合指数差距已从 2011 年的 7.64 倍缩减至 2022 年 5.01 倍。未来随着中国城市高质量发展进程的加快，可以确信中国城市休闲化发展也必将朝着更充分、更均衡与更可持续的发展方向迈进。

（二）城市休闲化结构复杂多变

城市休闲化综合水平在逐年整体提升的同时，也面临内部结构复杂多变的格局。课题组多年来的研究显示，城市休闲化内部结构的复杂性与多元性是中国城市休闲化发展过程中的一种突出表现。当然，这种结构的复杂性与多元性也是在一种动态演变过程不断调整或不断优化。

以北京为例，在 36 座城市中，该城市的休闲服务与接待指标水平排序第一，但其休闲生活与消费指标水平却名列第五。从具体指标看，北京的"城市居民人均教育文化娱乐服务消费支出"水平远低于上海和广州，但"城市居民人均可支配收入"水平略低于上海，高于广州，可见，北京休闲生活与消费水平还有很大的提升空间。再比如成都，尽管其休闲生活与消费水平指标排名在二十开外，但其交通设施与安全水平却位居第一。成都近年来在交通设施建设上持续发力，2021 年天府国际机场建成投用，成渝中线高铁启动建设，天府机场高速南线等 7 条高快速路建成通车。交通体系的逐步完善，使得人们的休闲生活半径不断扩大，从而推动了城市休闲化水平的不断提升。未来成都需要在城市休闲供给体系优化的基础上，培育和释放居民休闲消费潜力，促进城市休闲化供给端与消费端的平衡发展。再以杭州与长沙为例。2011 年，杭州和长沙的休闲生活与消费水平指标分别位居第 8 和第 18 的位置，在各自城市中与其他四个维度的排名位置都较为接近。2022 年，杭州的休闲生活与消费指标水平排名跃升为第 1,长沙则升至第 3 位。杭州的变化主要得益于人均消费水平的持续提升和数字服务业的快速发展。2020 年杭州出台了《关于实施数字生活新服务行动的意见》,明确提出要通过生活性服务业的数字化来提供高品质多样化便捷性的生活服务,涉及文化旅游、卫生健康、商务、教育、交通等多个方面,逐渐形成了形式多样、门类齐全的数字化、场景化、日常化休闲消费业态,成为促进休闲消费快速发展的重要内驱力。与此同时,杭州还大力发展电商类平台,包括直播电商、跨境电商、社交电商、内容电商、生鲜电商、新零售、元宇宙等各类电商,极大地激活了线上休闲消费的活跃度。据 2022 年相关统计数据显示,杭州成为我国人均居民消费支出十强城市中的榜首。可以预计,随着杭州营商环境的优化、数字经济的进一步加持,以及人才吸引力度的加强,杭州城市休闲化水平必将迈上一个新的台阶。如果说杭州的进步主要源于外在的环境保障,那么长沙的进步则主要来源于内在的消费基因。长沙是一座有着浓厚的消费、休闲、娱乐氛围的城市,该城市的服务业主要以文化、旅游、商贸、金融等为主。近年来,长沙主打夜经济品牌,将吃喝玩乐元素融合在一起,打造了众多平台式、一站式的休闲消费场景,形成了夜宵、夜演、夜景、夜购、夜宿五大新业态。据统计,2022 年长沙夜间消费占全天消费的比重达 60% 左右,成为中国城市夜经济十大影响力城市之一。此外,长沙还非常善于借助城市自身的文化基因和商业魅力,积极培育新消费品牌,目前已经形成包括文和友、茶颜悦色等在内的 80 多个品牌。据相关媒体报道资料显示,在文和友、茶颜悦色等长沙本土品牌前,排着长队等候消费的人群已成为假日里长沙最独特的风景,这恰恰是推动长沙城市吸引力不断提升的重要源泉。值得注意的是,为了更好地发挥文旅消费扩内需、促增长的引擎作用,长沙发布了《关于创建国家级旅游休闲城市打造城市文化和都市休闲名片行动方案(2023—2026)》,从购物、美食、酒吧构成的夜经济 1.0 模式,过渡到旅游、文创、演艺等新兴消费业态融合发展的 2.0 模式,休闲消费场景模式的转变也必将促进长沙加速迈入文商旅体深度融合、线上与线下一体化、科技与时尚交互共生的全新休闲消费 3.0 模式。未来随着中国扩大内需战略的深入实施,各个城市大力推出的促进消费升级换代的组合式政策,必然导致中国城市休闲化内部结构进一步优化,城市休闲化发展进程更趋健康完善。

(三)城市休闲化场景创新迭代

从 2011 年到 2022 年 12 年的发展实践看,中国城市发展越来精细化,由原来的大街道扩张转变为如今的小街巷雕琢,推进着城市休闲文化设施的建设与布局实施空间上的战略转向,从而使得城市本地居民和外来游客共同汇聚的休闲空间构成一个城市休闲化发展质量的展示窗口。空间本是物质、精神、社会的复合体,之前的发展重点多在物质元素上下功夫,如今随着社会主要矛盾的变化,以及人民城市建设理念的推进,空间文化、精神、体验等关注人的本质的元素和场景越来越多地呈现在空间中,促进着城市休闲化场景的创新与迭代。如今,休闲空间的场景化已经成为表征一座城市休闲化发展的重要维度。在这方面,上海和成都提供了生动实践。2020 年,上海文化旅游局启动了"家门口好去处"的评定工作,截至 2022 年,已经认定了三批 150 个小而美、小而精的家门口好去处。这些家门口好去处有围绕"道路＋"的苏河两湾、苏州河华政段滨河步道等,这些空间将道路沿线的自然风光、人文景观、历史建筑与旅游资源结合起来,根据市民游客的新需求加以整合,打造成可观赏、可漫步、可体验的休闲新空间;有围绕"公园＋"的衡山花园、星空之境海绵公园等,这些口袋公园、生态绿地、社区花园的建设,不仅增补了城市绿色空间,更为居民日常化、常态化的休闲游憩提供了便利;有围绕"生活圈＋"的张园·丰盛里、爱企谷集市等,这些休闲场景不仅使得空间充满烟火气息,让城市更有温度,而且激发了空间的社交功能,让空间更有生命力。成都是先行试行公园城市建设的城市,无疑为城市空间场景营造提供了先决条件和难得机遇。2022年成都市委市政府出台了《关于以场景营城助推美丽宜居公园城市建设的实施意见》。意见明确了场景之于成都的重要性,即场景作为城市空间功能的重要载体,是城市资源要素有效汇聚、协同作用、价值创造的系统集成,是人们文化认同、美学价值、美好生活的关系网络,具有可识别、可策划、可体验、可消费、可投资、可运营的特征。为此,成都根据规划全面推进空间场景营造工作,并渗透到城市经济社会发展的各领域,如消费新场景、公园社区新场景、社区发展治理场景等。这些场景的叠加和串联,有助于把成都公园城市的舒适性品质延伸到居民可触及可感知的一个个美好生活体验的过程中,极大地增强了人们的休闲获得感与幸福感。从规划设想看,接下去成都将继续深入城市生活空间场景营造工作,聚焦到美好生活之外的智能生产、宜居生态、智慧治理等领域,这对于加快提升成都的城市品质有着重要作用。如今,空间场景营造已在许多城市进行积极探索,成为推动城市休闲化创新发展的重要抓手。随着人民城市重要理念的推进,休闲空间的场景化在城市发展中占据着越来越重要的位置,不仅可以更加便利地丰富人们的休闲美好生活,而且可以更加有力地推进公共休闲文化服务的高质量发展。

二、中国城市休闲化发展的未来方向

（一）城市休闲化建设坚持以人民为中心,持续提升城市功能品质

我国城市建设已经进入"人民城市人民建,人民城市为人民"的发展新时期,人民城市建设要求聚焦事关人民群众幸福感、满意度的载体,公园、绿地、文娱设施、演艺活动等体现城市休闲化内容的载体越来越多地

涌现在中国城市大地上，成为满足人民美好生活需求的重要力量。可见，城市休闲化发展的内涵和目标与人民城市建设理念相吻合，与人民日益增长的美好生活需要相契合。因此，随着中国城市休闲化发展水平的不断提升、发展结构的不断完善、发展理念的不断更新，城市休闲化必将在促进城市高质量发展、高品质建设方面发挥越来越重要的作用。与此同时，要夯实休闲化之于城市生活品质提升的根基，需要进一步加强休闲设施和服务在空间布局上的充分性与均衡性。党的二十大报告在第九部分"增进民生福祉，提高人民生活品质"中强调"健全基本公共服务体系，提高公共服务水平，增强均衡性和可及性，扎实推进共同富裕。"这一论断使增强休闲服务的均衡性和可及性成为新时代我国城市休闲化高质量发展的方向，并成为今后相当长一段时间内城市休闲服务均等化发展的重要任务。

（二）城市休闲化发展全面加强内涵建设，推动中国式现代化建设

我国人均 GDP 已经突破 1 万美元的历史发展关口，其中北京、上海、广州、武汉、长沙等 15 座城市人均 GDP 已经超过 2 万美元，经济水平的提升意味着城市休闲化建设可以更多地把关注点放在内涵、质量、效益等维度，进而全面促进中国城市休闲化发展的转型升级，从而以高质量城市休闲化推动中国式现代化建设。中国式现代化突出强调的是全体人民共同富裕、物质文明和精神文明相协调、人与自然和谐共生，这都反映在人民生活品质及其提高上。城市休闲化是人民生活品质提升的重要体现，因而加强内涵建设，更加有助于推进中国式现代化进程。在这个过程中，中国也日益走近世界舞台中央，而城市形象、品牌等在很大程度上成为海外民众对中国城市印象的直接来源，因此，在内涵上加强城市休闲化建设，无疑是提升城市软实力、塑造城市品牌形象的重要抓手，这也是中国城市

走向世界的名片。因此,在推进中国式现代化的历史进程中,城市休闲化发展也要紧跟时代要求,从注重规模发展转向注重内涵建设,推动中国城市休闲化步入一个新的发展阶段。

（三）城市休闲化进程落实生态文明理念,形成绿色休闲发展模式

党的十八大以来,在习近平生态文明思想引领下,我国努力建设人与自然和谐共生的现代化,中国的生态文明建设取得了显著成效,这一点在休闲空间与环境指标方面反映得十分明显,即城市人均公园绿地面积的均值水平逐年提升,空气质量达到及好于二级的天数均值也在不断上升,这都是多年来国家生态环境治理效果的有益体现。但是应该看到,各城市的休闲空间与环境指标水平相差较大,发展很不均衡,且发展好的城市仍有向优的极大可能性。因此,未来中国城市休闲化建设依然要积极践行生态文明理念,在场景、产品、业态等各类休闲化服务体系中,主动融入绿色发展理念,强调休闲消费者所追求的文化或精神意义,降低自然资源的消耗,达到自我全面发展的最优休闲效用和最佳休闲体验效果。这一点也是与我国生态文明建设的方向一致的,当前,我国生态文明建设已经进入以降碳为重点战略方向、推动减污降碳协同增效、促进经济社会发展全面绿色转型、实现生态环境质量改善由量变到质变的关键时期。可见,城市休闲化发展进程中,在供给和消费环节加快推动形成绿色低碳的生产生活方式,努力践行人与自然和谐共生的现代化,是城市休闲化发展的必然要求。

（四）城市休闲化场景依托数字发展优势,构建国内大循环新格局

从"十三五"规划开始,数字中国就已经成为国家正在大力推进的发

展战略。当前,中国社会的各个领域都在加速步入数字化潮流,云计算、大数据、人工智能、5G、物联网等越来越多的科技基因也日渐融入居民生活,城市休闲化建设过程中的数字化和智慧化建设更是势在必行。城市休闲化发展自然也需要积极融入,形成智慧化的城市休闲化发展趋势,这也是我国推进国家治理体系和治理能力现代化建设的重要组成部分,更是迈向数字中国、智慧社会的必然路径。当前,多数城市都在积极探索数字化、智能化、智慧化的休闲服务场景,形成了一批数字休闲文化产品和场景,如线上看演出、听音乐会,在"云端"看展览等,这不仅极大丰富了人们的精神文化生活,而且使得人们的休闲生活更加便利。值得注意的是,现在年轻人对基于中华优秀传统文化的数字文化产品、数字文化服务热情高涨,这也为城市休闲化高质量发展提供了方向。未来,城市需要进一步完善数字基础设施建设,加快数字休闲产业规模化发展,以此来不断满足人们的休闲美好生活需求,同时也助推国内大循环为主体的发展战略,服务于扩大内需的战略基点。

第二章 指标体系与评价方法

第一节 指标体系

结合城市休闲化的内涵与特征，本报告认为城市休闲化是经济、服务、环境、消费和交通综合作用的过程。为进一步测度城市休闲化发展水平，本报告将城市休闲化指标归纳为经济与产业发展、休闲服务与接待、休闲生活与消费、休闲空间与环境、交通设施与安全五个方面，共涵盖43[①]个具体指标。见表2-1。

表2-1 中国城市休闲化评价指标体系

一级指标	二级指标	三级指标	单位	变量	属性
经济与产业发展	经济水平	地区生产总值	亿元	X1	正向
		人均地区生产总值	元	X2	正向
	城市化水平	城市化率	％	X3	正向
	产业发展	第三产业占地区生产总值比重	％	X4	正向
		第三产业就业人数占全部就业人数比重	％	X5	正向

[①] 原为44个指标。由于近年来在相关统计年鉴中，有关"入境过夜旅游者人均花费"这一指标不再纳入统计口径中，导致该数据获取困难，故将该指标去除，评价指标数量减为43个。

续　表

一级指标	二级指标	三　级　指　标	单位	变量	属性
经济与产业发展	产业发展	社会消费品零售总额	亿元	X6	正向
		住宿和餐饮业零售总额	亿元	X7	正向
		批发、零售、住宿和餐饮业从业人数	人	X8	正向
		限额以上批发、零售、住宿和餐饮业企业个数	个	X9	正向
休闲服务与接待	文化设施	博物馆数量	个	X10	正向
		公共图书馆数量	个	X11	正向
		文化馆数量	个	X12	正向
		剧场、影剧院个数	个	X13	正向
		国家重点文物保护单位数量	个	X14	正向
	休闲旅游接待	旅行社数量	个	X15	正向
		星级饭店数量	个	X16	正向
		国家4A级及以上景区数量	个	X17	正向
		公园个数	个	X18	正向
	游客接待规模	国内旅游人数	万人次	X19	正向
		入境旅游人数	万人次	X20	正向
休闲生活与消费	居民消费	城镇居民家庭恩格尔系数	%	X21	负向
		城市居民人均可支配收入	元	X22	正向
		城市居民消费价格指数(以上一年为100)	%	X23	正向
		城市居民家庭人均消费性支出	元	X24	正向

续　表

一级指标	二级指标	三　级　指　标	单位	变量	属性
休闲生活与消费	居民消费	城市居民人均家庭设备用品及服务消费支出	元	X25	正向
		城市居民人均医疗保健消费支出	元	X26	正向
		城市居民人均交通通信消费支出	元	X27	正向
		城市居民人均教育文化娱乐服务消费支出	元	X28	正向
	家庭休闲设备	每百户城镇常住居民家庭年末彩色电视机拥有量	台	X29	正向
		每百户城镇常住居民家庭年末家用电脑拥有量	台	X30	正向
休闲空间与环境	居住空间	市区人均居住面积	平方米	X31	正向
	城市绿化	城市(建成区)绿化覆盖率	%	X32	正向
		城市绿地面积	公顷	X33	正向
		城市人均公园绿地面积	平方米	X34	正向
	城市环境	空气质量达到及好于二级的天数	天	X35	正向
		国控主要城市区域环境噪声	等级声效	X36	负向
	环境荣誉	国家荣誉称号数	个	X37	正向
交通设施与安全	城市交通	公共汽车、电车客运量	万人次	X38	正向
		轨道交通客运量	万人次	X39	正向
		公路运输客运量	万人次	X40	正向
		铁路运输客运量	万人次	X41	正向
		民用航空旅客发送量	万人次	X42	正向
	交通安全	交通事故发生数	起	X43	负向

第一类,经济与产业发展,是城市休闲化发展的先决条件。主要反映城市居民进行休闲消费的宏观环境,包括地区生产总值,人均地区生产总值,城市化率,第三产业占地区生产总值比重,第三产业就业人数占全部就业人数比重,社会消费品零售总额,住宿和餐饮业零售总额,批发、零售、住宿和餐饮业从业人数,限额以上批发、零售、住宿和餐饮业企业个数,合计9项。

第二类,休闲服务与接待,是城市休闲化发展的内在驱动力。主要反映城市为满足本地居民日常休闲娱乐和外来游客观光度假需求而提供的休闲旅游和文化娱乐设施,以及城市的休闲旅游接待能力,包括博物馆数量,公共图书馆数量,文化馆数量、剧场、影剧院个数,国家重点文物保护单位数量,旅行社数量、星级饭店数量,国家4A级及以上景区数量,公园个数,国内旅游人数和入境旅游人数,合计11项。该维度是表征一座城市休闲功能水平的重要指标。

第三类,休闲生活与消费,是反映城市居民休闲生活质量的重要指标,也是城市居民生活休闲化发展的核心内容。主要反映城市居民生活质量和休闲消费结构,包括城镇居民家庭恩格尔系数,城市居民人均可支配收入,城市居民消费价格指数,城市居民家庭人均消费支出,城市居民人均家庭设备用品及服务消费支出,城市居民人均医疗保健消费支出,城市居民人均交通通信消费支出,城市居民人均教育文化娱乐服务消费支出,每百户城镇常住居民家庭年末彩色电视机拥有量,每百户城镇常住居民家庭年末家用电脑拥有量,合计10项。

第四类,休闲空间与环境,主要反映城市居民的居住空间尺度和城市游憩环境质量,包括市区人均居住面积,城市(建成区)绿化覆盖率,城市绿地面积,城市人均公园绿地面积,空气质量达到及好于二级的天数,国控主要城市区域环境噪声和国家荣誉称号数量,合计7项。其中国家荣誉称号数包括国家历史文化名城、全国文明城市、国家文明城市、国家园林城市、国家环境保护模范城市、中国优秀旅游城市等六个方面的内容。该维度指标是衡量一个城市是否具备提供人们从事户内外游憩活动的基本物质条件,也是构成城市休闲化发展的重要载体。

第五类,交通设施与安全,主要反映城市内外交通的承载能力、便捷程度和安全可靠性,包括公共汽车和电车客运量、轨道交通客运量、公路运输客运量、铁路运输客运量、民用航空旅客发送量和交通事故发生数,合计6项。该维度指标是城市本地居民和外来游客开展休闲活动的前提,是城市休闲化发展的基础条件。

第二节 研究对象与评价方法

一、研究对象

本报告的研究对象包括国内22个省会城市、5个自治区首府城市、4个直辖市和5个计划单列市(大连、青岛、宁波、厦门、深圳),共计36个城市。选择这36个城市的原因在于以下几方面。一是考虑到数据的可获得性和全面性。二是考虑到数据的时间连续性和纵向的可比性。自从"中国城市休闲化指数课题组"于2011年首次发布《中国城市休闲化发展指数报告》以来,一直持续跟踪研究上述36个城市的休闲化发展状况。研究对象的一致性有利于把握中国城市休闲化发展的总体趋势和变化特点。

本报告研究数据均来自《中国统计年鉴》《中国城市统计年鉴》《中国第三产业统计年鉴》《中国交通年鉴》《中国文化与文物统计年鉴》,以及各省、自治区和直辖市国民经济和社会发展统计公报等国家和省(自治区、直辖市)级有关管理部门公开出版或发布的统计数据。

二、评价方法

（一）数据标准化处理

本报告所有指标口径概念均与国家统计局制定的城市基本情况统计制度保持一致，以保证评价结果的客观公正性。按照评价指导思想与评价原则要求，所有指标分为两类。一是正向指标，即指标数据越大，评价结果越好。二是逆向指标，即这类指标的数值与评价结果呈反向影响关系，指标数值越大，评价结果就越差。本报告中"交通事故发生数"和"城镇居民家庭恩格尔系数"属于此类。本报告对逆向指标进行一致化处理，转换成正向指标，具体采用如下公式

$$X' = \frac{1}{x}(x > 1)$$

并对所有逆向指标的 X 数据进行变化，统一为正向指标。

（二）指标赋权方法

在以往相关研究文献中，计算权重通常采用主观判断法和客观分析法。前者是通过对专家评分结果进行数学分析，实现定性到定量的转化；后者则通过提取统计数据本身的客观信息来确定权重。主观判断法对先验理论有很强的依赖性，受调查者往往以某种先验理论或对某种行为的既定认识来确定指标权重，所以使用主观判断法会造成指标选取和权重确定上存在一定的主观性和随意性，从而降低综合评价分析的科学性。客观分析法是通过对评价指标数据本身的客观信息进行提取分析，从而确定权重大小。其特点是客观性较强，但在一定程度上限制了专家经验在确定权重所发挥的重要性作用，赋权结果有时说服力不够强。

在本报告的指标体系中因指标较多，数据信息量较大，为避免数据处理的失真，主要按照客观分析法，依靠可得性客观数据，并运用基于客观数据分析的"差异驱动"原理，对我国 36 个城市的休闲相关变量进行赋权，目的在于消除人为因素的影响，提高评价的科学性，[①]将指标变量数列的变异系数记为

$$V_j = S_j / \bar{X}_j，其中 \bar{X}_j = \frac{1}{36} \sum_{i=1}^{36} X_{ij}$$

$$S_j = \sqrt{\frac{1}{36} \sum_{i=1}^{36} (X_{ij} - \bar{X}_j)^2}$$

$(i = 1, 2, 3, \cdots, 36 ; j = 1, 2, 3, \cdots, 43)$

由此，变量的权重为

$$\lambda_j = V_j \Big/ \sum_{j=1}^{43} V_j \tag{2-1}$$

（三）综合评价模型

变量集聚是简化城市休闲化评价指标体系（Urban Recreationalization Index，简称 URI）的有效手段，即指数大小不仅取决于独立变量的作用，也取决于各变量之间形成的集聚效应。非线性机制整体效应的存在，客观上要求经济与产业发展（EI）、休闲服务与接待（SH）、休闲生活与消费（LC）、休闲空间与环境（SE）、交通设施与安全（TS）全面协调发展，产生协同作用。

本评价指标根据柯布道格拉斯函数式构建评价模型为

$$URI = EI_j^a + SH_j^b + LC_j^c + SE_j^d + TS_j^e \tag{2-2}$$

---

① 杨勇.中国省际旅游业竞争力分析——ARU 结构与影响因素[J].山西财经大学学报，2007(10)：53-60.

式中,a、b、c、d、e分别表示经济与产业发展、休闲服务与接待、休闲生活与消费、休闲空间与环境、交通设施与安全的偏弹性系数。从式(2-2)中可以看出,该函数体现的是城市休闲化各变量指标之间的非线性集聚机制,强调了城市休闲化各指标协调发展的重要性。

在指标数据处理上,由于评价指标含义不同,各指标量纲处理差异比较大,所以不能直接使用各指标数值进行评价。为了使数据具有可比性,采用最大元素基准法对指标数据进行无量纲处理,将实际能力指标值转化为相对指标,即

$$Y_{ij} = (X_{ij}/\max_{\substack{1 \leqslant i \leqslant 43 \\ 36}}[X_{ij}])$$

经过处理后的城市休闲化评价模型为

$$URI = \sum_{j=1}^{9} Y_{ij}^{a} + \sum_{j=10}^{20} Y_{ij}^{b} + \sum_{j=21}^{30} Y_{ij}^{c} \\ + \sum_{j=31}^{37} Y_{ij}^{d} + \sum_{j=38}^{43} Y_{ij}^{e} \tag{2-3}$$

总之,城市休闲化评价指标的非线性组合评价法具有以下特点。

第一,强调了城市休闲化评价指标变量间的相关性及交互作用。

第二,着眼于系统性观点,突出了评价变量中较弱变量的约束作用,充分体现了城市休闲化水平的"短板效应",即城市休闲化水平就像43块长短不同的木板组成的木桶,木桶的盛水量取决于长度最短的那块木板。

第三,因采用了指数形式,导致变量权重的作用不如线性评价法明显,但对于变量的变动却比线性评价法更为敏感。

第三章 城市休闲化评价结果

第一节 综合评价

一、36座城市休闲化指数排名

根据经济与产业发展、休闲服务与接待、休闲生活与消费、休闲空间与环境、交通设施与安全五大维度指标，共计43个具体指标的相关数据统计与分析，得出国内36座城市休闲化发展指数的综合结果。从综合排名评价得分来看，可以分为以下四个梯队。首先，北京、上海两座城市遥遥领先，属于城市休闲化发展的第一梯队。其次，广州、重庆、深圳、成都、杭州5个城市位居前列，属于城市休闲化发展的第二梯队。再次，南京、西安、武汉、昆明、天津、青岛、贵阳、宁波、厦门、福州、郑州、长沙、济南、沈阳、乌鲁木齐、合肥、哈尔滨17个城市，属于城市休闲化发展的第三梯队。最后，长春、大连、石家庄、南昌、太原、兰州、拉萨、南宁、海口、呼和浩特、西宁、银川12个城市，属于城市休闲化发展的第四梯队。

城市休闲化指数的这一排名也与上述省（自治区、直辖市）市在全国的社会经济发展排名相符合，体现了经济与休闲互动发展的和谐特征。北京、上海、广州、重庆、深圳、成都、杭州进入城市休闲化指数评价排名的前两个梯队,表明这些城市休闲化发展的和谐性、均衡性也比较显著,所以能够成为我国城市休闲化发展的领先城市。而位于第三和第四梯队的城市,在城市休闲化发展的整体性方面还存在诸多不足,见图 3-1。

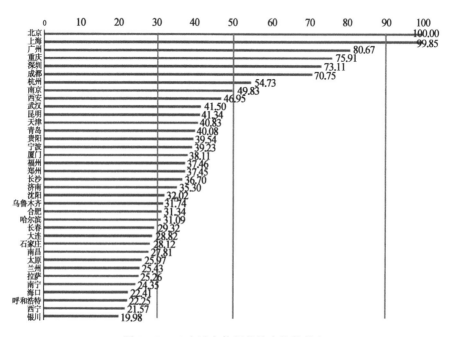

图 3-1　36 个城市休闲化综合指数排名

二、发展特征

基于 2022 我国城市休闲化指数综合结果,并结合以往年份的评价指数,大致勾勒出我国城市休闲化发展的基本特征。

第一,从发展水平看,36 座城市休闲化水平呈持续稳步增长态势,其中北京、上海、广州、重庆、深圳稳居前五,这是自 2013 年以来连续第 10 年位居排行榜前五位。

第二,从区域层面看,东部地区的城市休闲化水平依然处于领先状态,中西部地区相对滞后,总体上呈现由东向西递减的分布格局,与我国当前社会经济发展水平的分布格局大致吻合。值得注意的是,在"一带一路"倡议与西部大开发战略的引导下,近年来西部地区城市休闲化的发展速度与发展质量呈现明显的加速态势。整体来看,中国城市休闲化已经呈现"东部领先、西部崛起、中部奋追"的区域发展格局。

第三,从单个城市之间的比较看,差距非常显著。例如,排名第一的北京与位列末尾的银川,从城市休闲化指数测度值看,两者之间的发展差距有 5.01 倍。从城市规模比较看,排在前三位的均是我国东部地区的超大或特大型城市,排在后三位的均位于我国西部地区的城市,属于小城市、Ⅰ型大城市和Ⅱ型大城市。从城市性质比较看,作为计划单列市的深圳、宁波、厦门、青岛和大连 5 个城市,虽然不属于省会城市,但是由于自身经济条件好,所以在城市休闲化指数排名方面,要高于大多数省会城市。特别是深圳,城市休闲化指数的综合排名一直处于第一梯队。

第二节 分类评价

一、分类指标权重

中国城市休闲化评价体系由经济与产业发展、休闲服务与接待、休闲生活与消费、休闲空间与环境、交通设施与安全五个一级指标组成。从五个一级指标的权重看,休闲服务与接待指标权重最高,为 34.05%;接着是交通设施与安全,为 29.37%;其后是经济与产业发展,为 21.73%;再后是休闲空间与环境,为 7.43%;最后是休闲生活与消费,权重最低,为 7.42%。显而易见,在目前城市休闲化过程中,休闲服务与接待指标对城市休闲化的影响力最大。这也从侧面表明,休闲产业对于我国城市休闲化的发展正在发挥越来越重要的促进作用。与此同时,休闲生活与消费指标对城市休闲化的影响作用相对较小。这一特征与居民日益高涨的美好生活需要存在较大差距,一定程度上折射出我国社会主要矛盾不平衡不充分发展的基本特征在城市休闲化过程中得到体现。这一现状表明城市高质量发展进程中,需要着力提升居民的生活和消费水平,从而增强居民的美好生活幸福感与获得感,是促进城市休闲化内涵式发展的重要措施之一,见图 3 - 2。

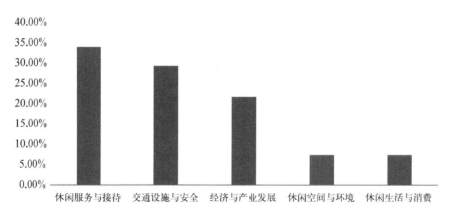

图 3 - 2　城市休闲化评价五大指标权重

二、分类指标分析

（一）经济与产业发展

经济与产业发展是促进城市休闲化进程的前提条件。从经济与产业分类指数看,上海、北京、深圳、重庆和广州排名前 5 位,表明上述城市经济发展实力雄厚,为城市休闲化发展奠定了扎实的基础。而兰州、拉萨、西宁、呼和浩特、银川则位列全国后 5 位,表明经济发展的相对薄弱制约了上述城市休闲化发展的水平,见图 3 - 3。

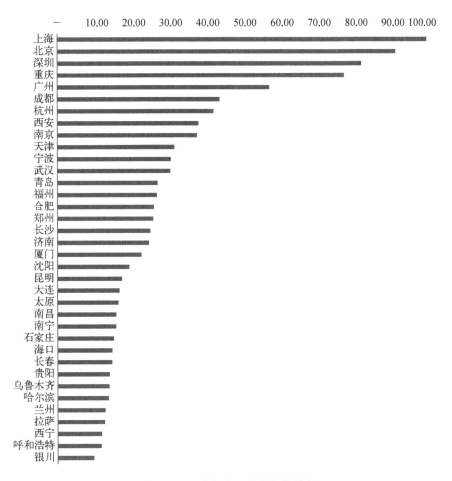

图 3-3　经济与产业发展指数排名

（二）休闲服务与接待

城市的休闲文化、娱乐、旅游等设施是重要的休闲消费场所，接待规模是城市休闲吸引力的重要表现。在休闲服务与接待分类指数排名中，北京、上海、重庆、广州、杭州进入前 5 位，表明 5 个城市休闲娱乐和文旅融合发展结构相对成熟，休闲文化产业发展的整体性优势比较明显。而呼和浩特、拉萨、西宁、海口和银川位居后 5 位，虽然以上城市在某些具体的文化、旅游方面有优势,但是在整体性发展方面存在诸多薄弱环节,影响了休闲服务与接待类别指数的排名,见图3-4。

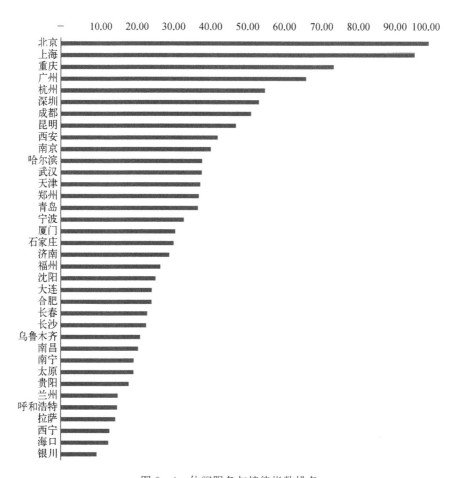

图3-4　休闲服务与接待指数排名

（三）休闲生活与消费

　　城市居民的消费结构、家庭休闲设备、游客花费是反映城市休闲化质量的关键指标。从休闲生活与消费分类指数排名看,杭州、广州、长沙、上海和昆明排名前5位,反映了上述城市休闲娱乐和文旅市场繁荣,居民用于与休闲相关的综合性消费能力比较强,游客消费支出比较旺。

而太原、石家庄、拉萨、南宁和海口排名最后 5 位，表明休闲娱乐、文化旅游综合消费能力不足，是城市休闲化发展过程中的一个突出瓶颈因素，见图 3-5。

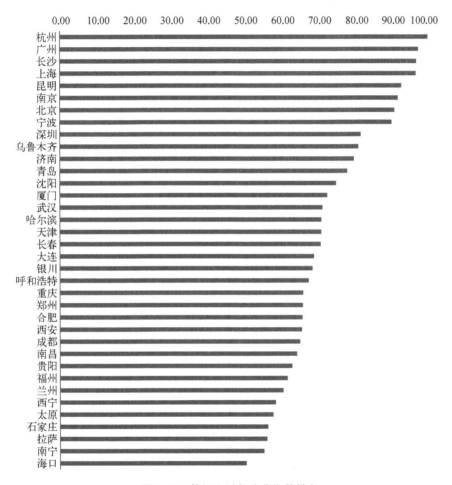

图 3-5　休闲生活与消费指数排名

（四）休闲空间与环境

空气质量、城市绿化覆盖率等指标代表一个城市自然环境建设和发展的水平，成为衡量居民与游客从事户外游憩活动载体环境质量的重要指数。从休闲空间与环境分类指数排名看,广州、上海、深圳、南京和北京名列前 5 位。而大连、太原、哈尔滨、兰州和石家庄则处于排名的最后 5 位,一定程度上表明以上 5 个城市的户外游憩环境总体质量已经成为制约城市休闲化发展的短板,应当予以重视,并进行着力提升和有效完善,见图 3-6。

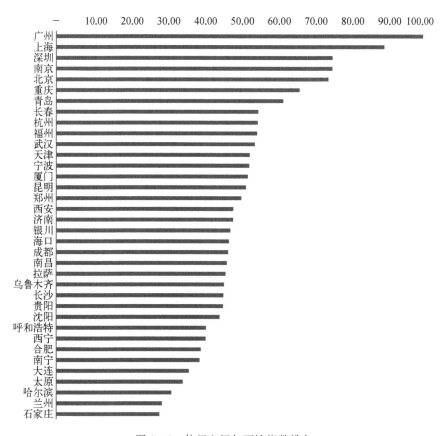

图 3-6　休闲空间与环境指数排名

(五)交通设施与安全

从交通设施与安全分类指数看,成都、北京、广州、贵阳和上海排名前 5 位。交通条件完善,交通枢纽功能强大,使得上述城市本地居民的日常休闲活动与外来游客的旅游观光活动能够互动协调发展。而西宁、南宁、哈尔滨、呼和浩特和银川位居最后5位,表明上述城市交通设施与安全评价指数相对较弱,对本地居民从事日常的休闲娱乐活动以及外来游客开展观光度假活动都会产生相应的制约作用,见图3-7。

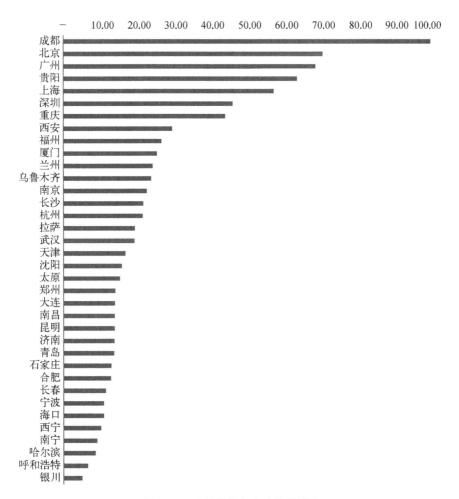

图3-7　交通设施与安全指数排名

第三节 发展趋势

一、36座城市休闲化指数排序演变趋势

将2022年36座城市的休闲化指数与2011—2021年的相关数据进行比较的话,大致反映出如下几个特点。

第一,北京、上海、广州、重庆、深圳的城市休闲化水平始终名列前五,尽管相关城市的排名略有变化。其中,北京和上海的排名始终是位居前二,广州自2013年来也始终保持第三名的位置,而重庆、深圳的排序则呈现多次交替变换的态势。

第二,自2015年以来,成都和杭州的排名位次紧邻。成都和杭州都拥有良好的休闲氛围和休闲底蕴,政府比较注重城市休闲化建设,致力于改善人居环境、加快休闲相关产业发展,使得城市休闲品质大幅度提升。

第三,大多数城市休闲化排名都有所变化。尤其值得关注的是,贵阳和乌鲁木齐的上升幅度较大。从2011到2022年,贵阳的排名从28名跃升至14名,乌鲁木齐从34名上升到22名。贵阳的优势指标是交通,尤其是公路运输客运量位居第一名,这一点也体现在城市居民人均交通通信消费支出,贵阳内外交通的便捷性,为城市居民休闲活动的开展提供了基础条件。乌鲁木齐的优势指标是交通与休闲生活消费,尤其是公共汽车与电车客运量,为城市休闲生活提供保障。

第四,西部地区的排名整体相对靠后,这与西部地区的经济发展水平有关。不过,随着西部大开发政策深入,以及在"一带一路"倡议政策红利的引导下,西部地区的城市休闲化速度和质量会进一步加快,见表3-1。

表 3-1　中国 36 个城市休闲化水平排序变化一览表(2011—2022 年)

年份	北京	上海	广州	深圳	重庆	成都	杭州	南京	武汉
2011	1	2	4	3	5	9	6	7	10
2012	1	2	4	3	5	1	6	7	8
2013	1	2	3	5	4	9	6	7	10
2014	1	2	3	5	4	8	6	7	11
2015	1	2	3	4	5	6	7	8	9
2016	1	2	3	5	4	6	7	9	8
2017	1	2	3	4	5	6	7	8	9
2018	1	2	3	4	5	7	6	8	9
2019	1	2	3	5	4	6	7	8	10
2020	1	2	3	5	4	6	7	8	10
2021	1	2	3	4	5	6	7	8	9
2022	1	2	3	5	4	6	7	8	10

年份	天津	西安	昆明	沈阳	大连	宁波	青岛	福州	长沙
2011	8	11	18	17	12	13	15	22	21
2012	9	12	14	16	11	13	17	20	21
2013	8	11	16	14	13	12	17	21	20
2014	9	10	16	18	14	13	20	12	19
2015	10	11	12	15	17	13	14	19	18
2016	11	10	14	15	21	12	13	19	20
2017	10	11	12	13	14	15	16	17	18
2018	10	11	17	16	13	12	14	20	15
2019	9	11	18	15	17	12	13	22	16

续 表

年份	天津	西安	昆明	沈阳	大连	宁波	青岛	福州	长沙
2020	11	9	16	17	23	12	15	21	13
2021	12	11	13	22	25	10	14	18	19
2022	12	9	11	21	26	15	13	17	19

年份	厦门	济南	哈尔滨	郑州	贵阳	南昌	合肥	长春	石家庄
2011	19	20	14	16	28	30	26	27	23
2012	19	23	18	15	27	28	25	26	22
2013	23	19	18	15	29	31	25	24	22
2014	22	23	17	15	26	28	24	27	21
2015	20	22	21	16	23	28	24	27	25
2016	23	22	18	16	17	27	24	26	25
2017	19	20	21	22	23	24	25	26	27
2018	21	18	19	22	23	25	24	26	27
2019	23	21	19	14	20	24	25	28	26
2020	18	25	24	14	19	28	26	27	20
2021	15	21	20	17	16	28	24	26	27
2022	16	20	24	18	14	28	23	25	27

年份	太原	南宁	乌鲁木齐	呼和浩特	银川	兰州	海口	西宁	拉萨
2011	29	25	34	24	32	35	33	36	31
2012	29	24	33	30	36	32	31	34	35
2013	28	26	33	27	36	32	30	34	35
2014	29	25	32	30	35	33	31	34	36

续　表

年份	太原	南宁	乌鲁木齐	呼和浩特	银川	兰州	海口	西宁	拉萨
2015	32	30	29	31	33	35	26	36	34
2016	30	28	31	29	33	34	32	36	35
2017	28	29	30	31	32	33	34	35	36
2018	28	32	30	31	34	33	29	35	36
2019	27	31	33	29	30	32	34	35	36
2020	22	30	31	29	35	32	33	36	34
2021	29	31	23	33	35	30	32	36	34
2022	29	32	22	34	36	30	33	35	31

二、36 座城市休闲化指数等级变化趋势

运用百分制等级划分进行分类,可以分为以下 5 个等级。第一等级,以 A 为好(80～100);第二等级,以 B 为较好(60～79);第三等级,以 C 为一般(40～59);第四等级,以 D 为较低(20～39);第五等级,以 E 为低(1～19)。以此为标准,将我国 36 个城市连续 12 年来的城市休闲化指数评价指标的综合评价值进行排列,在一定程度上可以凸显出各个城市自身变化的相关特征。

通过对我国 36 个城市连续 12 年来的城市休闲化指数评价指标水平的等级进行比较发现,各个城市在 12 年来的发展过程中各具特点。

第一,从总体分布看,城市休闲化水平稳步提升。在 2011 年,36 座城市休闲化水平的综合评价值主要分布在第二等级至第五等级四个层面,数量分别是 1 个、3 个、9 个、23 个。在 2022 年,36 座城市主要分布在第三等级至第五等级 3 个层面,数量分别是 6 个、14 个、16 个。从变化看,

第二等级的城市数量由 1 个减少到 0 个。第三等级的城市数量由 3 个增加到 6 个。第四等级的城市数量由 9 个增至 14 个,增加了 55.56%。第五等级的城市数量由 23 个锐减至 16 个,降低了 30.43%。显而易见,尽管 36 座城市休闲化水平的综合评价值分布等级主要集中在第三等级至第五等级内,但是各个等级的分布数量已经出现显著变化,充分显示出我国城市休闲化水平逐年有效提升。从城市休闲化水平综合评价指标值的地区分布来看,处在第五等级的城市主要是分属于中西部地区,尤其是集中在西部地区,从处于第五等级城市数量的急剧减少可以说明,随着我国社会经济的持续健康发展,城市休闲化水平整体上在缓慢提升。

从东中西部地区城市自身发展的角度看,休闲化水平的广泛提升是发展的主调,但是各个城市的提升幅度差异较大。对 36 个城市休闲化水平综合评价指标值的梳理看,西部地区最显著,接着是东部地区,中部地区相对滞后。以西部地区的成都为例,12 年来提升了将近 15 个百分点。此外,西部地区的重庆、西安和贵阳,也分别提升了将近 9 个百分点。在东部地区,进步最大的城市是宁波,12 年上升了将近 17 个百分点。而广州和上海,则分别提升了将近 12 个百分点和 9 个百分点。在中部地区,合肥提升了将近 11 个百分点。综上所述,成都和宁波是 36 座城市中休闲化水平综合指标值递增最快的城市,见表 3-2。

表 3-2　2011—2022 年中国城市休闲化水平等级数量变化

等级	2011	数量	2012	数量	2013	数量
A	—	0	—	0	北京	1
B	北京	1	北京、上海	2	上海	1
C	上海、广州、深圳	3	广州、深圳	2	广州、重庆	2

续　表

等级	2011	数量	2012	数量	2013	数量
D	重庆、杭州、南京、天津、成都、武汉、西安、宁波、大连	9	重庆、杭州、南京、天津、成都、武汉、西安、宁波、大连	9	深圳、杭州、南京、天津、成都、武汉、西安、宁波、大连、沈阳、郑州、昆明、青岛、哈尔滨、济南	15
E	沈阳、郑州、昆明、青岛、哈尔滨、济南、长沙、福州、石家庄、厦门、长春、合肥、南宁、呼和浩特、太原、贵阳、海口、南昌、兰州、乌鲁木齐、西宁、拉萨、银川	23	沈阳、郑州、昆明、青岛、哈尔滨、济南、长沙、福州、石家庄、厦门、长春、合肥、南宁、呼和浩特、太原、贵阳、海口、南昌、兰州、乌鲁木齐、西宁、拉萨、银川	23	长沙、福州、石家庄、厦门、长春、合肥、南宁、呼和浩特、太原、贵阳、海口、南昌、兰州、乌鲁木齐、西宁、拉萨、银川	17

等级	2014	数量	2015	数量	2016	数量
A	—	0	—	0	—	0
B	北京、上海	2	北京、上海	2	北京、上海	2
C	广州、重庆、深圳	3	广州、深圳、重庆	3	广州、重庆、深圳	3
D	杭州、南京、天津、成都、武汉、西安、宁波、大连、沈阳、郑州、昆明、青岛、哈尔滨、长沙、福州	15	成都、杭州、南京、武汉、天津、西安、昆明、宁波、青岛、沈阳、郑州、大连、长沙、福州、厦门、哈尔滨	16	成都、杭州、武汉、南京、西安、天津、宁波、青岛、昆明、沈阳、郑州、贵阳、哈尔滨、福州、长沙、大连、济南、厦门	18
E	济南、石家庄、厦门、长春、合肥、南宁、呼和浩特、太原、贵阳、海口、南昌、兰州、乌鲁木齐、西宁、拉萨、银川	16	济南、贵阳、合肥、石家庄、海口、长春、南昌、乌鲁木齐、南宁、呼和浩特、太原、银川、拉萨、兰州、西宁	15	合肥、石家庄、长春、南昌、南宁、呼和浩特、太原、乌鲁木齐、海口、银川、兰州、拉萨、西宁	13

续　表

等级	2017	数量	2018	数量	2019	数量
A	北京	1	—	0	—	0
B	上海、广州	2	北京、上海	2	北京、上海	2
C	深圳、重庆、成都	3	广州、深圳、重庆	3	广州、重庆、深圳、成都	4
D	杭州、南京、武汉、天津、西安、昆明、沈阳、大连、宁波、青岛、福州、长沙、厦门、济南、哈尔滨、郑州、贵阳	17	杭州、成都、南京、武汉、天津、西安、宁波、大连、青岛、长沙、沈阳、昆明、济南、哈尔滨、福州、厦门、郑州、贵阳	18	杭州、南京、天津、武汉、西安、宁波、青岛、郑州、沈阳、长沙、大连、昆明、哈尔滨、贵阳、济南、福州、厦门、南昌、合肥	19
E	南昌、合肥、长春、石家庄、太原、南宁、乌鲁木齐、银川、兰州、海口、西宁、拉萨	13	合肥、南昌、长春、石家庄、太原、海口、乌鲁木齐、呼和浩特、南宁、兰州、银川、西宁、拉萨	13	石家庄、太原、长春、呼和浩特、银川、南宁、兰州、乌鲁木齐、海口、西宁、拉萨	11

等级	2020	数量	2021	数量	2022	数量
A	—	0	—	0	—	0
B	北京、上海	2	北京、上海	2	—	0
C	广州、重庆、深圳、成都	4	广州、深圳、重庆、成都	4	北京、上海、广州、重庆、深圳、成都	6
D	杭州、南京、西安、武汉、天津、宁波、长沙、郑州、青岛、昆明、沈阳、厦门、贵阳、石家庄、福州、太原、大连、哈尔滨	18	杭州、南京、武汉、宁波、西安、天津、昆明、青岛、厦门、贵阳、郑州、福州、长沙、哈尔滨、济南、沈阳	16	杭州、南京、西安、武汉、昆明、天津、青岛、贵阳、宁波、厦门、福州、郑州、长沙、济南	14

续　表

等级	2020	数量	2021	数量	2022	数量
E	济南、合肥、长春、南昌、呼和浩特、南宁、乌鲁木齐、兰州、海口、拉萨、银川、西宁	12	乌鲁木齐、合肥、大连、长春、石家庄、南昌、太原、兰州、南宁、海口、呼和浩特、拉萨、银川、西宁	14	沈阳、乌鲁木齐、合肥、哈尔滨、长春、大连、石家庄、南昌、太原、兰州、拉萨、南宁、海口、呼和浩特、西宁、银川	16

三、东中西部三个区域的城市休闲化指数变化趋势

本报告进一步立足于东中西部三个区域的发展角度[①],对 2011—2022年东中西部地区城市休闲化指数水平进行归纳与分析,发现以下发展与变化特征。

第一,从整体看,三大区域的城市休闲化水平均有所提升,但是值得注意的是,中西部地区城市的休闲化水平提升速率要高于东部地区,而这也与近年来中西部地区社会经济发展增速快于东部地区的现象同步,也从一定意义上表明社会经济发展水平是促进城市休闲化发展的重要前提。中西部地区总体上来讲城市休闲化发展水平要低于东部地区,因此在提高城市休闲化发展水平的空间上要大于东部地区,发展潜力也更为明显。可以预计,随着中西部地区各个城市社会经济发展水平保持在一个比较良好的发展状态,今后一段时间,中西部地区城市休闲化发展速度高于东部地区将成为一种常态。相对而言,东部地区城市休闲化发展水平已达到一定高度,如何将自身的各类优势融入城市休闲化的进程中,提

① 三大区域分别为东中西部区域,其中东部区域城市包括北京、上海、深圳、天津、南京、沈阳、杭州、福州、广州、海口、大连、厦门、宁波、青岛、济南;中部区域城市包括长春、合肥、南昌、郑州、长沙、太原、哈尔滨、武汉、石家庄;西部区域城市包括呼和浩特、南宁、成都、西安、乌鲁木齐、贵阳、拉萨、兰州、银川、重庆、昆明、西宁。

升资源利用效率,成为东部地区城市休闲化可持续发展的关键。

第二,从区域内部发展变化看,西部地区内部城市休闲化发展的差异性比较显著。如西部地区的重庆和成都,两座城市休闲化评价值位于全国前茅,且比一些东部城市的休闲化水平值还要高。与此同时,同属西部地区的兰州、乌鲁木齐、西宁、拉萨、银川等城市休闲化水平值就明显偏低,因此在整体上又影响了西部地区城市休闲化水平的均值水平。从这个角度出发,可以看出,如何发挥区域核心城市的带动效应,促进区域协调发展,成为提升西部地区城市休闲化总体水平的关键点。

第三,从均值差异角度来看,东部城市休闲化综合水平明显高于中部和西部城市,而中部和西部城市休闲化水平均值比较接近,但西部均值已明显超越了中部地区,一定程度上说明西部在政策红利下,城市休闲化建设取得了明显效果,而中部地区城市休闲化水平却稍显落后,值得引起有关城市高度重视,见表3-3。

表3-3 2011—2022三大区域城市休闲化均值水平比较

区域	2022	2021	2020	2019	2018	2017	2016	2015	2014	2013	2012	2011
东部	30.95	32.09	33.77	35.65	35.08	35.51	35.63	32.21	31.89	32.18	29.70	30.57
中部	19.66	19.73	21.88	22.66	21.22	20.77	20.95	18.74	18.58	18.85	16.20	19.08
西部	21.70	21.83	22.13	23.58	21.59	22.28	22.45	19.50	18.09	18.13	16.36	22.02

参考文献:

[1]李丽梅.中国休闲产业研究.[M].上海:上海交通大学出版社,2021.

[2]庞学铨.休闲与城市发展[M].杭州:浙江大学出版社,2021.

[3]栗郁.城市资源视角下城市休闲产业发展模式研究[M].北京:电子工业出版社,2021.

［4］刘德谦，石美玉.中国城市休闲和旅游竞争力报告（2020）［M］.北京：社会科学文献出版社，2020.

［5］吕宁，赵亚茹.中国休闲城市发展报告［M］.北京：旅游教育出版社，2020.

［6］刘松.中国城镇居民休闲消费潜力研究［M］.上海：上海交通大学出版社，2020.

［7］楼嘉军，李丽梅.中国城市休闲化研究［M］.上海：上海交通大学出版社，2019.

［8］宋长海.城市休闲街区经营模式的理论与实践［M］.上海：上海交通大学出版社，2019.

［9］李其原，游磊.休闲客流空间扩散特征与区域综合效应研究［M］.北京：科学出版社，2018.

［10］鲁开宏.休闲城市研究［M］.深圳：深圳报业集团出版社，2013.

［11］辛儒鸿，曾坚，梁晨.城市绿地休闲服务供需失衡关键区识别与规划干预优先级划分［J］.地理学报，2023，78(3)：762－774.

［12］蔡沐阳，史吉志，贺小荣.从旅游到休闲：中国旅游城市嬗变的策略［J］.经济地理，2022，42(11)：225－231.

［13］韦佳佳，王琪延.休闲与生活满意度研究［J］.调研世界，2020(6)：38－42.

［14］刘士林.人民城市：理论渊源和当代发展［J］.南京社会科学，2020(8)：66－72.

［15］徐爱萍，楼嘉军.中国城市休闲化区域差异及成因解读［J］.世界地理研究，2019(6)：98－108.

［16］楼嘉军，李丽梅，杨勇.我国城市休闲化质量测度的实证研究［J］.旅游科学，2012，26(5)：45－53.

第二部分

36 个城市休闲化指标分析

第四章　36 个城市的休闲化指标分析

第一节　城市类型的划分及其标准和依据

改革开放以来,随着国民经济的大力发展和工业化进程的不断推进,我国的城镇化已经取得巨大成就,城市数量和规模都有了明显增长。2014 年 11 月 20 日,国务院发布了《关于调整城市规模划分标准的通知》,对原有城市规模划分标准进行了调整,明确了新的城市规模划分标准以城区常住人口为统计口径[①],将城市划分为五类七档:城区常住人口 50 万以下的城市为小城市,其中 20 万以上 50 万以下的城市为Ⅰ型小城市,20 万以下的城市为Ⅱ型小城市;城区常住人口 50 万以上 100 万以下的城市为中等城市;城区常住人口 100 万以上 500 万以下的城市为大城市,其中 300 万以上 500 万以下的城市为Ⅰ型大城市,100 万以上 300 万以下的城市为Ⅱ型大城市;城区常住人口 500 万以上 1 000 万以下的特大城市;城区常住人口 1 000 万以上的城市为超大城市。依据这一划分标准,可以将本报告研究对象的 36 个城市划分为以下五类城市:超大城市 8

---

① 常住人口:指全年经常在家或在家居住 6 个月以上,也包括流动人口在所在的城市居住。

个,特大城市 10 个,Ⅰ型大城市 12 个,Ⅱ型大城市 5 个,中等城市 1 个,见表 4-1。

表 4-1　36 个城市人口规模类型

城　　市	城区人口/万人	类　　型
上　海	2 489.43	超大城市
北　京	1 916.10	超大城市
深　圳	1 768.16	超大城市
重　庆	1 650.12	超大城市
广　州	1 320.30	超大城市
成　都	1 187.19	超大城市
天　津	1 165.40	超大城市
武　汉	1 093.84	超大城市
杭　州	993.18	特大城市
西　安	740.40	特大城市
郑　州	719.22	特大城市
南　京	692.78	特大城市
济　南	656.55	特大城市
合　肥	641.77	特大城市
沈　阳	597.00	特大城市
青　岛	580.16	特大城市
长　沙	509.69	特大城市
哈尔滨	502.93	特大城市
长　春	486.91	Ⅰ型大城市
南　宁	423.72	Ⅰ型大城市

城　市	城区人口/万人	类　型
昆　明	411.89	Ⅰ型大城市
太　原	391.00	Ⅰ型大城市
乌鲁木齐	390.91	Ⅰ型大城市
厦　门	390.10	Ⅰ型大城市
大　连	375.52	Ⅰ型大城市
宁　波	367.27	Ⅰ型大城市
石 家 庄	366.85	Ⅰ型大城市
福　州	366.16	Ⅰ型大城市
南　昌	310.57	Ⅰ型大城市
兰　州	303.13	Ⅰ型大城市
贵　阳	297.50	Ⅱ型大城市
呼和浩特	215.00	Ⅱ型大城市
海　口	200.24	Ⅱ型大城市
银　川	171.09	Ⅱ型大城市
西　宁	143.93	Ⅱ型大城市
拉　萨	58.66	中等城市

第二节　超大城市休闲化指标分析

　　超大城市的城区常住人口规模在1 000万以上,符合这一标准的城市有上海、北京、深圳、重庆、广州、成都、天津和武汉,共8个。从城市所属区域看,上海、北京、深圳、广州、天津、武汉6个城市位于东部地区,重庆和成都位于西部地区。从城市行政级别看,在8个城市中,北京、上海、天津和重庆属于直辖市;广州、成都和武汉属于省会城市;深圳属于计划单列市。一般来说,城市规模越大,城市的休闲娱乐资源也更为丰富。本部分将分析这 8 个城市在 43 个指标属性方面呈现出来的特征。

一、上海

上海是我国重要的经济、交通、科技、工业、金融、会展和航运中心,也是国家历史文化名城,拥有深厚的近代城市文化底蕴和众多历史古迹,海纳百川的多元文化为上海休闲设施的多样性发展奠定了良好的文化基础,也为市民和游客提供了丰富的休闲消费活动。从数据分析上看,上海的各指标水平值区间在 0~5 之间,均值为 1.378 5,高于均值指标水平的指标有 16 个,占总数的 37.21%。具体是轨道交通客运量,住宿和餐饮业零售总额,剧场、影剧院个数,城市绿地面积,限额以上批发、零售、住宿和餐饮业企业个数,地区生产总值,社会消费品零售总额,博物馆数量,旅行社数量,批发、零售、住宿和餐饮业从业人数,入境旅游人数,国内旅游人数,公共汽车、电车客运量,国家 4A 级及以上景区数量,民用航空旅客发送量,星级饭店数量。其中轨道交通客运量的指标水平值最高(4.992 6),其次是住宿和餐饮业零售总额(4.698 0)。可以看出,上海在城市交通网络、休闲娱乐设施和住宿餐饮方面表现良好,对城市休闲化进程起到推进作用。

低于均值水平的指标有 27 个,占指标总数的 62.79%。具体是公园个数,人均地区生产总值,国家重点文物保护单位数量,公共图书馆数量,文化馆数量,城市居民人均医疗保健消费支出,国家荣誉称号数,城市居民人均可支配收入,每百户城镇常住居民家庭年末家用电脑拥有量,城市居民家庭人均消费性支出,城市居民人均交通通信消费支出,每百户城镇常住居民家庭年末彩色电视机拥有量,城市居民人均教育文化娱乐服务

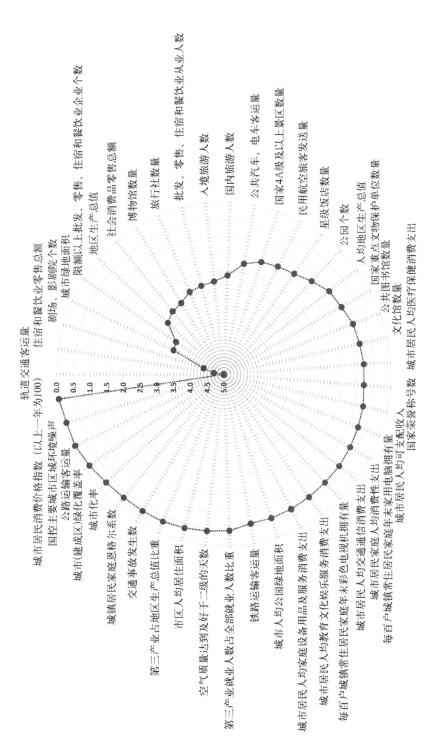

图 4-1　上海各指标水平排列图

消费支出,城市居民人均家庭设备用品及服务消费支出,城市人均公园绿地面积,铁路运输客运量,第三产业就业人数占全部就业人数比重,空气质量达到及好于二级的天数,市区人均居住面积,第三产业占地区生产总值比重,交通事故发生数,城镇居民家庭恩格尔系数,城市化率,城市(建成区)绿化覆盖率,公路运输客运量,国控主要城市区域环境噪声,城市居民消费价格指数(以上一年为100)。从中可以发现,低于均值水平的指标主要体现在人均意义上的指标和文化设施规模方面,这说明上海在满足不同人群休闲需求的充分性和均衡性方面,还有待进一步提高。

从横向比较来看,上海43个指标有40个指标在36个城市排名中高于中位数,仅有3个指标在36个城市排名中低于中位数。高于中位数的是轨道交通客运量,住宿和餐饮业零售总额,剧场、影剧院个数,城市绿地面积,限额以上批发、零售、住宿和餐饮企业个数,地区生产总值,社会消费品零售总额,博物馆数量,旅行社数量,批发、零售、住宿和餐饮业从业人数,入境旅游人数,国内旅游人数,公共汽车、电车客运量,国家4A级及以上景区数量,民用航空旅客发送量,星级饭店数量,公园个数,人均地区生产总值,国家重点文物保护单位数量,公共图书馆数量,文化馆数量,城市居民人均医疗保健消费支出,国家荣誉称号数,城市居民人均可支配收入,每百户城镇常住居民家庭年末家用电脑拥有量,城市居民家庭人均消费性支出,城市居民人均交通通信消费支出,每百户城镇常住居民家庭年末彩色电视机拥有量,城市居民人均教育文化娱乐服务消费支出,城市居民人均家庭设备用品及服务消费支出,城市人均公园绿地面积,铁路运输客运量,第三产业就业人数占全部就业人数比重,空气质量达到及好于二级的天数,第三产业占地区生产总值比重,交通事故发生数,城镇居民家庭恩格尔系数,城市化率,国控主要城市区域环境噪声,城市居民消费价格指数(以上一年为100)等40个指标。其中,地区生产总值,社会消费品零售总额、住宿和餐饮业零售总额、限额以上批发、零售、住宿和餐饮业企业个数、轨道交通客运量、剧场、影剧院个数、旅行社数量、城市绿地面积、城市居民人均可支配收入、城市居民家庭人均消费性支出等 10 个指标在 36 个城市中排名第一，这说明上海经济发展、收入水平等在全国遥遥领先。需要特别指出的是，尽管上海的城市居民人均可支配收入和城市居民家庭人均消费性支出低于均值水平，但是在城市排名中却位列第一，说明此项指标在整体排名良好。低于中位数的是市区人均居住面积、城市（建成区）绿化覆盖率、公路运输客运量等 3 个指标。公路运输客运量（第 29 名）、市区人均居住面积（第 30 名）、城市（建成区）绿化覆盖率（第 35 名）3 个指标在 36 个城市中排名后十位，这说明上海的城市休闲化建设在完善环境绿化和提升居民幸福感方面有待提升。

二、北京

北京是我国的历史文化名城，也是我国政治、文化和国际交往中心，集中了全国性的优秀公共资源，拥有相当丰富的商业文化服务设施、便捷的交通网络和多元的文化旅游景观等。从数据分析上看，北京各个指标水平值区间在 0～5 之间，均值为 1.380 5，高于均值水平的指标有 17 个，占指标总数的 39.53%。具体是住宿和餐饮业零售总额、轨道交通客运量、剧场、影剧院个数、国家重点文物保护单位数量、博物馆数量、星级饭店数量、限额以上批发、零售、住宿和餐饮业企业个数、民用航空旅客发送量、地区生产总值、批发、零售、住宿和餐饮业从业人数、公共汽车、电车客运量、社会消费品零售总额、旅行社数量、城市绿地面积、公路运输客运量、国家 4A 级及以上景区数量、国内旅游人数。其中，指标水平最高的是住宿和餐饮业零售总额（4.106 0），其次是轨道交通客运量（4.040 3）。从中可以看出，北京的交通、住宿、餐饮、文娱设施等发展规模较好，尤其是

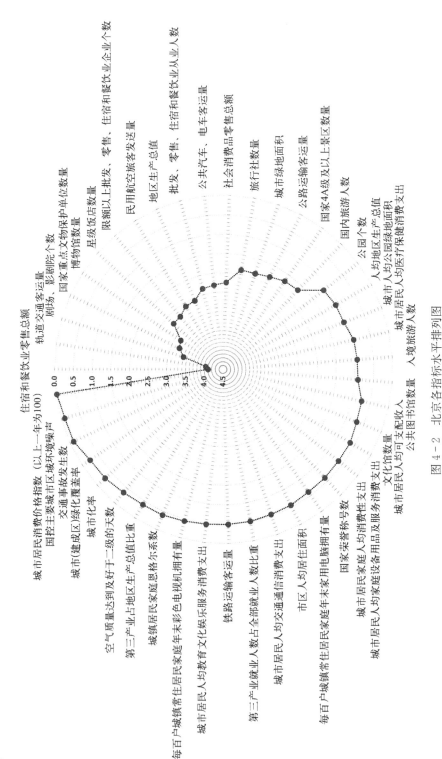

图 4 - 2 北京各指标水平排列图

住宿、餐饮、文娱等设施条件,为北京提供了强大的市场空间和消费平台。

低于均值水平的指标有 26 个,占总指标数量的 60.47％。具体是公园个数,人均地区生产总值,城市人均公园绿地面积,城市居民人均医疗保健消费支出,入境旅游人数,公共图书馆数量,城市居民人均可支配收入,文化馆数量,城市居民人均家庭设备用品及服务消费支出,城市居民家庭人均消费性支出,国家荣誉称号数,每百户城镇常住居民家庭年末家用电脑拥有量,市区人均居住面积,城市居民人均交通通信消费支出,第三产业就业人数占全部就业人数比重,铁路运输客运量,城市居民人均教育文化娱乐服务消费支出,每百户城镇常住居民家庭年末彩色电视机拥有量,城镇居民家庭恩格尔系数,第三产业占地区生产总值比重,空气质量达到及好于二级的天数,城市化率,城市(建成区)绿化覆盖率,交通事故发生数,国控主要城市区域环境噪声,城市居民消费价格指数(以上一年为 100)。从中可以发现,低于均值水平的指标多为人均意义上的指标。这表明北京整体经济发展水平虽然较高,但是在人均消费水平、人均收入水平、人均绿化水平以及空气质量水平等方面还比较弱,是未来需要重点予以关注和着力解决的发展短板。

从横向比较来看,北京 43 个指标有 40 个指标在 36 个城市排名中高于中位数,仅有 3 个指标在 36 个城市排名中低于中位数。其中,人均地区生产总值,第三产业占地区生产总值比重,第三产业就业人数占全部就业人数比重,公共汽车、电车客运量,博物馆数量,国家重点文物保护单位数量,城市居民人均医疗保健消费支出在 36 个城市中排名第一,这说明北京交通、第三产业发展、经济水平以及医疗水平在全国都处于前列。但是,国家荣誉称号数(第 24 名),空气质量达到及好于二级的天数(第 30 名),交通事故发生数(第 33 名)在 36 个城市中的竞争力稍显不足,这说明北京的城市休闲化建设仍需要继续提升交通安全、环境质量等指标水平。

三、深圳

深圳是我国经济特区、全国性经济中心城市和国际化城市，在中国高新技术产业、金融服务、外贸出口、海洋运输、创意文化等多方面占有重要地位。处于改革开放的前沿，具有制度性优势，外来移民较多，为城市休闲化水平发展奠定了坚实的基础。从数据分析上看，深圳各个指标水平值区间在 0～5 之间，均值为 1.009 3，高于均值水平的指标有 14 个，占指标总数的 32.56％。具体是批发、零售、住宿和餐饮业从业人数，公园个数，入境旅游人数，轨道交通客运量，限额以上批发、零售、住宿和餐饮业企业个数，城市绿地面积，地区生产总值，住宿和餐饮业零售总额，民用航空旅客发送量，公共汽车、电车客运量，社会消费品零售总额，旅行社数量，人均地区生产总值，国家荣誉称号数，公路运输客运量，国家 4A 级及以上景区数量，国内旅游人数。其中，指标水平最高的是批发、零售、住宿和餐饮业从业人数（4.638 2），其次是公园个数（3.832 6）。从中可以看出，深圳的入境旅游业、文化娱乐设施、交通客运设施、住宿餐饮业零售规模等水平较好，表明深圳比较注重国际旅游业发展和交通网络建设，推进了城市休闲化进程。

低于均值水平的指标有 29 个，占总数的 67.44％。具体是博物馆数量，城市居民人均交通通信消费支出，城市人均公园绿地面积，城市居民人均可支配收入，城市居民人均家庭设备用品及服务消费支出，城市居民家庭人均消费性支出，城市居民人均教育文化娱乐服务消费支出，每百户城镇常住居民家庭年末家用电脑拥有量，星级饭店数量，空气质量达到及好于二级的天数，国内旅游人数，城市居民人均医疗保健消费支出，市区人均居住面积，每百户城镇常住居民家庭年末彩色电视机拥有量，公共图书馆数量，第三产业就业人数占全部就业人数比重，公路运输客运量，文

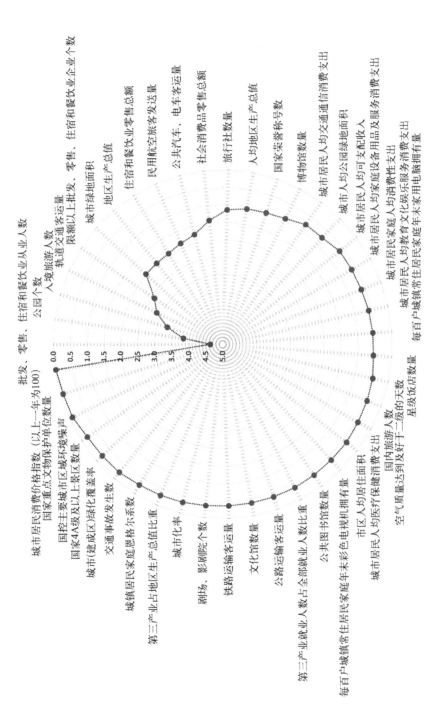

图 4-3 深圳各指标水平排列图

化馆数量、铁路运输客运量、剧场、影剧院个数、城市化率、第三产业占地区生产总值比重、城镇居民家庭恩格尔系数、交通事故发生数、城市(建成区)绿化覆盖率、国家 4A 级及以上景区数量、国控主要城市区域环境噪声、国家重点文物保护单位数量、城市居民消费价格指数(以上一年为100)。从中可以发现,低于均值水平的指标主要是人均意义上的指标和城市居住环境,说明深圳在城市休闲化进程中,居民的休闲消费水平还需要进一步释放,文化服务设施、空气质量及噪音等也需继续加强优化。

从横向指标看,深圳 43 个指标有 28 个指标在 36 个城市排名中高于中位数,有 15 个指标在 36 个城市排名中低于中位数。其中,城市化率、公园个数在 36 个城市中排名第一。而市区人均居住面积(第 28 名)、公共图书馆数量(第 29 名)、城市居民人均医疗保健消费支出(第 31 名)、国控主要城市区域环境噪声(第 32 名)、国家 4A 级及以上景区数量(第 33名)、国家重点文物保护单位数量(第 36 名)6 个指标在 36 个城市中排名后十位。从中可以发现,深圳城市化率与休闲旅游接待水平较高,但是由于深圳发展历史较短,相较而言文化底蕴不够深厚,且工业用地占地远高于居住用地,导致城市休闲文化设施规模水平尚低。

四、重庆

重庆是中国西部地区唯一的直辖市,也是长江上游地区经济中心、金融中心和创新中心,中西部水、陆、空型综合交通枢纽。从数据结果上看,重庆各指标水平值区间在 0~7,均值为 1.047 9,高于均值水平的指标有18 个,占指标总数的 41.86%。具体是批发、零售、住宿和餐饮业从业人数、国家 4A 级及以上景区数量、公路运输客运量、国内旅游人数、社会消费品零售总额、博物馆数量、地区生产总值、限额以上批发、零售、住宿和餐饮业企业个数、公共图书馆数量、公园个数、公共汽车、电车客运量、文化馆数量、轨道交通客运量、国家重点文物保护单位数量、城市绿地面积、民用航空旅客发送量、国家荣誉称号数、星级饭店数量。其中,均值水平最高的是批发、零售、住宿和餐饮业从业人数(6.045 4),其次是国家4A级及以上景区数量(2.810 3)。从中可以看出,重庆在城市休闲化进程中,交通客运规模、旅游接待设施与规模、文化设施规模、住宿餐饮业规模等发展优势较强,注重城市的旅游相关产业发展。

低于均值水平的指标有25个,占指标总数的58.14%。具体有住宿和餐饮业零售总额、旅行社数量、城市居民人均医疗保健消费支出、城市人均公园绿地面积、城市居民人均家庭设备用品及服务消费支出、人均地区生产总值、每百户城镇常住居民家庭年末彩色电视机拥有量、城市居民人均交通通信消费支出、空气质量达到及好于二级的天数、城市居民人均教育文化娱乐服务消费支出、每百户城镇常住居民家庭年末家用电脑拥有量、铁路运输客运量、入境旅游人数、城市居民家庭人均消费性支出、城市居民人均可支配收入、市区人均居住面积、第三产业就业人数占全部就业人数比重、城镇居民家庭恩格尔系数、第三产业占地区生产总值比重、剧场、影剧院个数、城市化率、城市(建成区)绿化覆盖率、国控主要城市区域环境噪声、交通事故发生数、城市居民消费价格指数(以上一年为100)。从中可以看出,重庆的城市绿化环境、空气质量与环境噪声、人均消费支出等发展较弱,说明重庆在发展旅游业的同时,也应注重本地居民的宜居环境,提高人均休闲消费水平。

从横向指标来看,重庆43个指标有28个指标在36个城市排名中高于中位数,有15个指标在36个城市排名中低于中位数。其中,批发、零售、住宿和餐饮业从业人数、文化馆数量、公共图书馆数量、国家4A级及以上景区数量、国控主要城市区域环境噪声在36个城市中排名第一。而在36个城市中排名后十位的指标有城市居民家庭人均消费性支出(第27

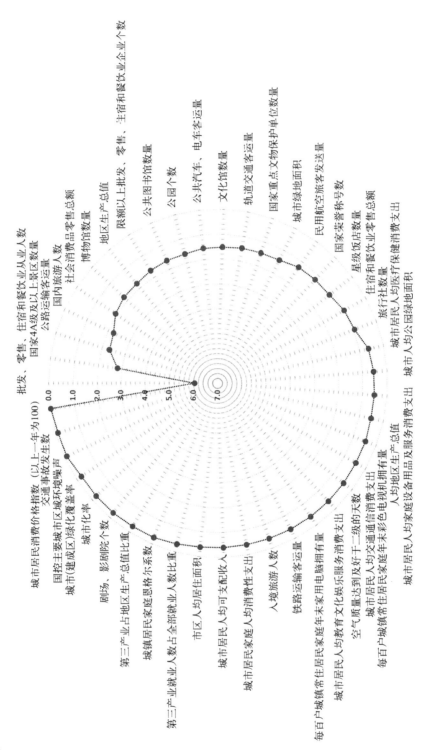

图4-4 重庆各指标水平排列图

名),城市居民人均交通通信消费支出(第 27 名),每百户城镇常住居民家庭年末家用电脑拥有量(第 30 名),城市居民人均可支配收入(第 30 名),第三产业就业人数占全部就业人数比重(第 31 名),城镇居民家庭恩格尔系数(第 31 名),市区人均居住面积(第 31 名),城市化率(第 33 名),第三产业占地区生产总值比重(第 33 名),交通事故发生数(第 34 名)等 10 个。从中可以看出,重庆的文化休闲设施规模、国内旅游规模、城市区域环境噪声等水平良好,说明重庆的休闲供给水平相对较强。值得注意的是,重庆的国控主要城市区域环境噪声指标值虽然低于均值水平,但是在 36 个城市中却位列第一,这说明国控主要城市区域环境噪声整体水平都比较低。

五、广州

广州是国务院定位的国际大都市、国际商贸中心、国际综合交通枢纽、国家综合性门户城市、国家历史文化名城,联合国报告指出广州人类发展指数居中国第一。从数据结果上看,广州各个指标水平值区间在 0～6 之间,均值为 1.113 7,高于均值水平的指标有 12 个,占指标总数的27.91%。具体是入境旅游人数、轨道交通客运量、城市绿地面积、民用航空旅客发送量、限额以上批发、零售、住宿和餐饮业企业个数、星级饭店数量、住宿和餐饮业零售总额、地区生产总值、公共汽车、电车客运量、社会消费品零售总额、公路运输客运量、城市人均公园绿地面积。其中指标水平值最高的是入境旅游人数(5.770 3),其次是轨道交通客运量(4.256 2)。从中可以看出,广州在城市休闲化进程中,交通客运能力、国际旅游规模、住宿餐饮业发展优势明显。

低于均值水平的有指标有 31 个,占指标总数的 72.09%。具体有旅行社数量、博物馆数量、国家荣誉称号数、每百户城镇常住居民家庭年末家用电脑拥有量、人均地区生产总值、城市居民人均交通通信消费支出、

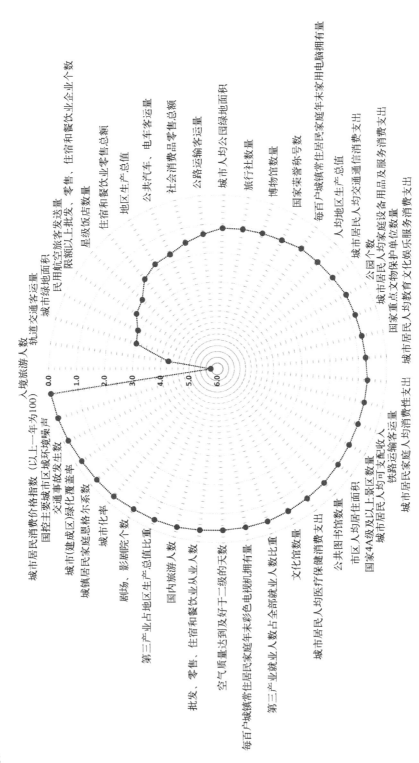

图 4-5 广州各指标水平排列图

公园个数,城市居民人均家庭设备用品及服务消费支出,国家重点文物保护单位数量,城市居民人均教育文化娱乐服务消费支出,城市居民家庭人均消费性支出,铁路运输客运量,城市居民人均可支配收入,国家 4A 级及以上景区数量,市区人均居住面积,公共图书馆数量,城市居民人均医疗保健消费支出,文化馆数量,第三产业就业人数占全部就业人数比重,每百户城镇常住居民家庭年末彩色电视机拥有量,空气质量达到及好于二级的天数,批发、零售、住宿和餐饮业从业人数,国内旅游人数,第三产业占地区生产总值比重,剧场、影剧院个数,城市化率,城镇居民家庭恩格尔系数,城市(建成区)绿化覆盖率,交通事故发生数,国控主要城市区域环境噪声,城市居民消费价格指数(以上一年为 100)。从中可以看出,广州在城市休闲化进程中较弱的指标有居民人均消费支出水平、城市绿化环境、文化娱乐设施规模等,尚无法与广州国际化大都市相匹配,未能充分满足不同人群的休闲需求。

从横向指标来看,广州 43 个指标有 34 个指标在 36 个城市排名中高于中位数,有 9 个指标在 36 个城市排名中低于中位数。其中,民用航空旅客发送量,入境旅游人数,城市人均公园绿地面积,每百户城镇常住居民家庭年末家用电脑拥有量在 36 个城市中排名第一。而在 36 个城市中排名后十位的指标有国内旅游人数(第 29 名),城镇居民家庭恩格尔系数(第 29 名),城市居民消费价格指数(以上一年为 100)(第 34 名)3 个指标。从中可以看出,尽管广州的城市绿化环境、居民人均消费支出在自身排名中靠后,但是与其他城市相比处于较好水平。值得注意的是,广州的国内外游客规模发展不平衡、居民消费能力还有待提升。

六、成都

成都地处川西盆地,河网纵横、物产丰富,自古享有"天府之国"的美誉,也是国家重要的高新技术产业基地、商贸物流中心和综合交通枢纽。成都的美食和旅游行业一直以来都是支撑成都经济发展的重要产业,每年都会吸引大批游客进入。从数据分析上看,成都各指标水平值区间在0~10,均值为0.976 7,高于均值水平的指标有 11 个,占指标总数的25.58%。具体是铁路运输客运量、博物馆数量、批发、零售、住宿和餐饮业从业人数、轨道交通客运量、民用航空旅客发送量、国内旅游人数、公共汽车、电车客运量、社会消费品零售总额、地区生产总值、国家 4A 级及以上景区数量、城市绿地面积。其中指标水平值最高的是铁路运输客运量(9.776 9),其次是批发、零售、住宿和餐饮业从业人数(2.738 6)。从中可以看出,成都在城市休闲化进程中,交通客运规模、住宿餐饮业规模、旅游接待规模和地区经济发展较好,体现了成都网红城市的特性。

低于均值水平的指标有 32 个,占指标总数的 74.42%。具体有旅行社数量、国家重点文物保护单位数量、公共图书馆数量、文化馆数量、限额以上批发、零售、住宿和餐饮业企业个数、入境旅游人数、星级饭店数量、国家荣誉称号数、人均地区生产总值、每百户城镇常住居民家庭年末家用电脑拥有量、城市居民人均可支配收入、城市居民人均交通通信消费支出、每百户城镇常住居民家庭年末彩色电视机拥有量、公路运输客运量、公园个数、城市居民人均教育文化娱乐服务消费支出、城市居民人均家庭设备用品及服务消费支出、城市居民家庭人均消费性支出、城市居民人均医疗保健消费支出、市区人均居住面积、城市人均公园绿地面积、空气质量达到及好于二级的天数、住宿和餐饮业零售总额、第三产业就业人数占全部就业人数比重、第三产业占地区生产总值比重、城镇居民家庭恩格尔系数、城市化率、交通事故发生数、城市(建成区)绿化覆盖率、剧场、影剧院个数、国控主要城市区域环境噪声、城市居民消费价格指数(以上一年为100)。从中可以看出,成都在城市休闲化进程中发展较弱的指标集中

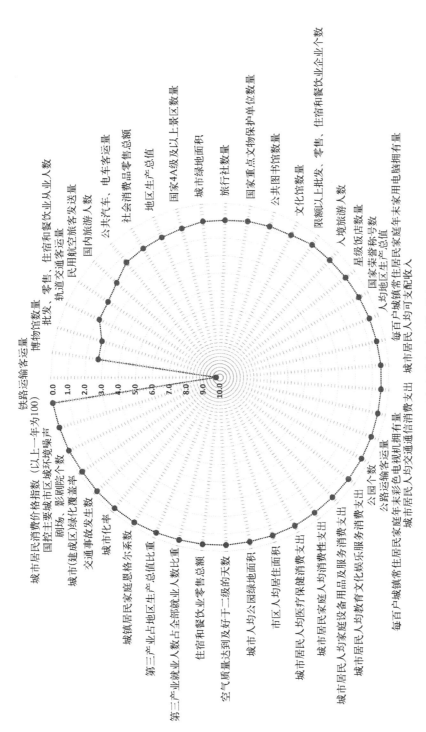

图 4－6　成都各指标水平排列图

在文化娱乐接待设施、居民休闲消费水平、城市绿化环境等,说明成都的休闲城市建设质量与其拥有的资源优势之间的匹配性还不够紧密,在打造高品质的生活目标上仍需继续努力。

从横向指标来看,成都43个指标有26个指标在36个城市排名中高于中位数,有17个指标在36个城市排名中低于中位数。在36个城市中排名前十的指标有20个,具体有铁路运输客运量,博物馆数量,批发、零售、住宿和餐饮业从业人数,地区生产总值,社会消费品零售总额,公共汽车、电车客运量,轨道交通客运量,公路运输客运量,民用航空旅客发送量,文化馆数量,博物馆数量,公共图书馆数量,国家重点文物保护单位数量,旅行社数量,国家4A级及以上景区数量,国内旅游人数,入境旅游人数,城市(建成区)绿化覆盖率,城市绿地面积,每百户城镇常住居民家庭年末彩色电视机拥有量。其中,铁路运输客运量在36个城市中排名第一。而在36个城市中排名后十位的指标有城市居民人均家庭设备用品及服务消费支出(第27名),城市人均公园绿地面积(第28名),空气质量达到及好于二级的天数(第28名),国家荣誉称号数(第28名),城镇居民家庭恩格尔系数(第32名),城市居民消费价格指数(以上一年为100)(第32名),城市居民人均医疗保健消费支出(第32名)7个指标。从中可以看出,不论在横向比较还是纵向比较,成都交通客运规模、住宿餐饮业规模和旅游接待规模的优势显著,但是成都的人均消费支出水平较低。

七、天津

天津是我国四大直辖市之一,东临渤海,北依燕山,地理位置优越。近年来,伴随着京津冀城市群的快速发展,未来天津的城市发展潜力不容小觑。从数据分析上看,天津43个指标水平值区间在0~2,均值为0.5637,高于均值水平的指标有20个,占指标总数的46.51%。具体是限额以上批发、零售、住宿和餐饮业企业个数，国内旅游人数，博物馆数量，公共图书馆数量，国家荣誉称号数，地区生产总值，城市绿地面积，公共汽车、电车客运量，城市居民人均医疗保健消费支出，国家4A级及以上景区数量，旅行社数量，人均地区生产总值，国家重点文物保护单位数量，住宿和餐饮业零售总额，剧场、影剧院个数，轨道交通客运量，文化馆数量，社会消费品零售总额，公路运输客运量，城市人均公园绿地面积。其中，指标水平值最高的是限额以上批发、零售、住宿和餐饮业企业个数（1.425 0），其次是国内旅游人数（1.271 3）。从中可以发现，天津在城市休闲化进程中批发零售业和住宿餐饮业规模、文化娱乐设施规模、交通运输规模等发展良好，表明天津有健全的旅游基础设施，吸引力较强。

低于均值水平的指标有23个，占指标总数的53.49%。具体有城市居民人均交通通信消费支出，民用航空旅客发送量，城市居民人均家庭设备用品及服务消费支出，星级饭店数量，入境旅游人数，城市居民家庭人均消费性支出，城市居民人均可支配收入，每百户城镇常住居民家庭年末家用电脑拥有量，公园个数，城市居民人均教育文化娱乐服务消费支出，每百户城镇常住居民家庭年末彩色电视机拥有量，批发、零售、住宿和餐饮业从业人数，第三产业就业人数占全部就业人数比重，市区人均居住面积，空气质量达到及好于二级的天数，第三产业占地区生产总值比重，城镇居民家庭恩格尔系数，城市化率，铁路运输客运量，城市（建成区）绿化覆盖率，国控主要城市区域环境噪声，交通事故发生数，城市居民消费价格指数（以上一年为100）。从中可以看出，天津的人均消费支出、空气质量、第三产业发展、城市绿化环境、城市化率等发展较弱，这说明天津需要进一步提升人均消费能力、空气和绿化环境质量等，从而更有利于户外休闲游憩活动的开展。

从横向指标来看，天津43个指标有31个指标在36个城市排名中高

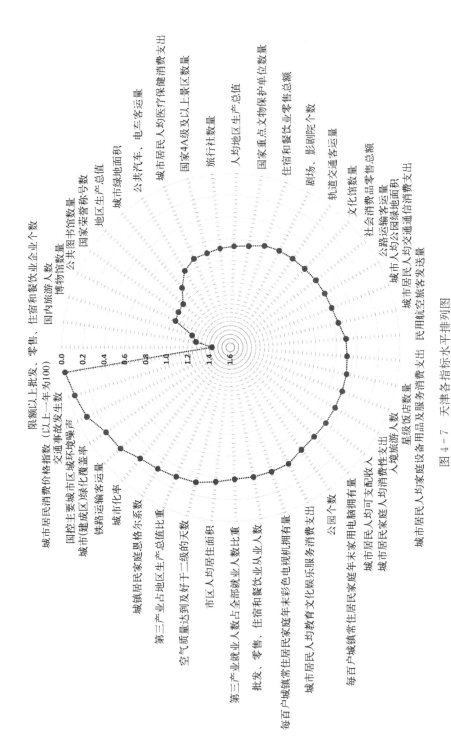

图 4－7 天津各指标水平排列图

于中位数,有 12 个指标在 36 个城市排名中低于中位数。在 36 个城市中排名前十的指标有 15 个,具体有地区生产总值,城市化率,批发、零售、住宿和餐饮业从业人数,限额以上批发、零售、住宿和餐饮业企业个数,公路运输客运量,文化馆数量,博物馆数量,公共图书馆数量,国家 4A 级及以上景区数量,入境旅游人数,城市绿地面积,国控主要城市区域环境噪声,国家荣誉称号数,城市居民人均医疗保健消费支出,城市居民消费价格指数(以上一年为 100)。而在 36 个城市中排在后十位的指标有城市居民人均教育文化娱乐服务消费支出(第 29 名),空气质量达到及好于二级的天数(第 32 名),市区人均居住面积(第 33 名),城市(建成区)绿化覆盖率(第 34 名),交通事故发生数(第 36 名)等 5 个。从中可以看出,天津的批发零售业和餐饮住宿业规模、公共交通客运量、国内旅游人数等无论是在自身发展还是在全国范围内都优势明显,但是空气质量、城市绿化环境、交通事故发生数等关乎城市居民生活质量的指标水平较低,在 36 个城市中排名末位,未来需要加强环境、安全方面的管理。

八、武汉

武汉因其特殊的地理位置,是全国重要的水陆空综合交通枢纽,也是承东启西、接南转北的国家地理中心,历来有九省通衢之称。同时武汉也是中国重要的科研教育基地,其高等院校、科研院所数仅次于北京、上海,居全国城市第三。从数据分析上看,武汉各个指标水平值区间在 0～3 之间,均值为 0.572 9,高于均值水平的指标有 16 个,占指标总数的 37.21%。具体是国内旅游人数,博物馆数量,地区生产总值,轨道交通客运量,国家荣誉称号数,社会消费品零售总额,人均地区生产总值,国家重点文物保护单位数量,公共汽车、电车客运量,住宿和餐饮业零售总额,铁路运输客运量,城市绿地面积,城市人均公园绿地面积,限额以上批发、零售、住宿

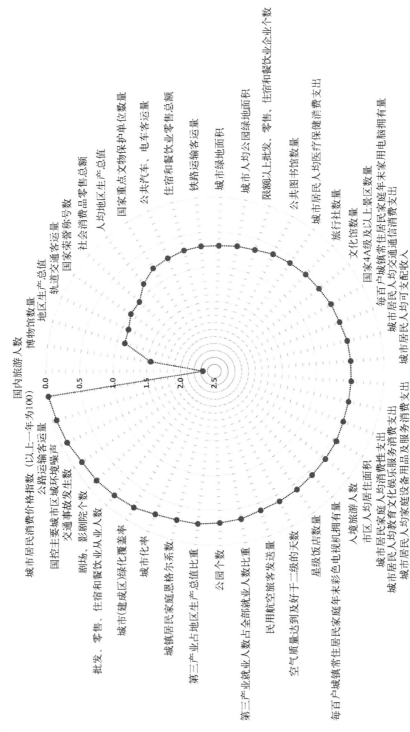

图 4-8 武汉各指标水平排列图

和餐饮业企业个数、公共图书馆数量、城市居民人均医疗保健消费支出。其中指标水平值最高的是轨道交通客运量(2.331 0),其次是博物馆数量(1.550 2)。从中可以看出,武汉的综合交通枢纽优势明显,轨道交通客运量、公共汽车、电车客运量、铁路运输客运量等指标排名靠前,城市内外交通运输量均衡发展。此外,博物馆、公共图书馆等文化场所数量、国内外旅游规模等发展较好,说明武汉的交通运输业、旅游业和文化业优势明显。

　　低于均值水平的指标有 27 个,占指标总数的 62.79%。具体有旅行社数量、文化馆数量、国家 4A 级及以上景区数量、每百户城镇常住居民家庭年末家用电脑拥有量、城市居民人均交通通信消费支出、城市居民人均可支配收入、城市居民人均家庭设备用品及服务消费支出、城市居民人均教育文化娱乐服务消费支出、城市居民家庭人均消费性支出、市区人均居住面积、入境旅游人数、每百户城镇常住居民家庭年末彩色电视机拥有量、星级饭店数量、空气质量达到及好于二级的天数、民用航空旅客发送量、第三产业就业人数占全部就业人数比重、公园个数、第三产业占地区生产总值比重、城镇居民家庭恩格尔系数、城市化率、城市(建成区)绿化覆盖率、批发、零售、住宿和餐饮业从业人数、剧场、影剧院个数、交通事故发生数、国控主要城市区域环境噪声、公路运输客运量、城市居民消费价格指数(以上一年为100)。从中可以看出,武汉在城市休闲化进程中,居民人均消费支出、城市绿化环境、空气质量等指标水平还较弱,需要继续加强以提升居民休闲生活获得感。

　　从横向指标看,武汉 43 个指标有 28 个指标在 36 个城市排名中高于中位数,有 15 个指标在 36 个城市排名中低于中位数。在 36 个城市中排名前十的指标有 15 个,具体有地区生产总值、人均地区生产总值、城市化率、社会消费品零售总额、住宿和餐饮业零售总额、轨道交通客运量、铁路运输客运量、博物馆数量、公共图书馆数量、国内旅游人数、城市人均公园绿地面积。其中，国内旅游人数在 36 个城市中排名第一。从中可以看出，作为全国重要的水陆空综合交通枢纽，其自身的地理位置和交通设施优势为旅游的发展提供了良好条件。在 36 个城市中排名后十位的指标的有民用航空旅客发送量（第 27 名）、第三产业就业人数占全部就业人数比重（第 27 名）、国控主要城市区域环境噪声（第 27 名）、交通事故发生数（第 28 名）、城市居民消费价格指数（以上一年为 100）（第 28 名）、公路运输客运量（第 33 名）等 6 个指标。这说明武汉的交通水平、空气质量和人均消费水平等关乎居民休闲生活幸福感的指标水平较低，在未来需加强此方面的建设。

第三节　特大城市休闲化指标分析

特大城市的城区常住人口规模在 500 万以上 1 000 万以下，符合这一标准的城市有杭州、西安、郑州、南京、济南、合肥、沈阳、青岛、长沙、哈尔滨等 10 个城市。从城市所属区域来看，有 5 个城市位于东部地区，有 4 个城市位于中部地区，有 1 个城市位于西部地区。从城市的行政级别来看，除青岛属于计划单列市外，其余 9 个城市均为省会城市。

一、杭州

杭州地处长三角区域，是环杭州湾大湾区核心城市、沪嘉杭 G60 科创走廊中心城市，也是国际重要的电子商务中心，人文古迹众多，素有"人间天堂"之称。从数据分析上看，杭州各个指标水平值区间在 0～3，均值为 0.755 5，高于均值水平的指标有 18 个，占指标总数的 41.86％。具体是剧场、影剧院个数，国内旅游人数，限额以上批发、零售、住宿和餐饮业企业个数、博物馆数量、住宿和餐饮业零售总额、旅行社数量、地区生产总值、轨道交通客运量、城市绿地面积、社会消费品零售总额、公园个数、城市居民人均交通通信消费支出、城市居民人均医疗保健消费支出、国家4A级及以上景区数量、人均地区生产总值、国家重点文物保护单位数量、星级饭店数量、公共汽车、电车客运量。从中可以看出，杭州在城市休闲化进程中，文化设施规模、批发零售业和住宿餐饮业规模、交通客运规模、旅游接待规模等方面发展较强，这源于杭州拥有深厚的文化底蕴和优越的自然风光，对外吸引力较强。

低于均值水平的有25个，占指标总数的58.14%。具体有民用航空旅客发送量、每百户城镇常住居民家庭年末彩色电视机拥有量、批发、零售、住宿和餐饮业从业人数、市区人均居住面积、城市居民人均可支配收入、城市居民家庭人均消费性支出、城市居民人均家庭设备用品及服务消费支出、国家荣誉称号数、城市居民人均教育文化娱乐服务消费支出、每百户城镇常住居民家庭年末家用电脑拥有量、公共图书馆数量、文化馆数量、城市人均公园绿地面积、铁路运输客运量、空气质量达到及好于二级的天数、入境旅游人数、第三产业就业人数占全部就业人数比重、公路运输客运量、城镇居民家庭恩格尔系数、第三产业占地区生产总值比重、城市化率、城市（建成区）绿化覆盖率、交通事故发生数、国控主要城市区域环境噪声、城市居民消费价格指数（以上一年为100）。从中可以看出，杭州在城市休闲化进程中，人均消费支出、城市生态环境、第三产业发展等方面竞争力较弱，表明杭州的城市休闲化建设质量与其拥有的资源优势之间还存在一定的差距，在推进高质量的城市休闲化建设方面还需要继续努力。

从横向指标来看，杭州43个指标有39个指标在36个城市排名中高于中位数，有4个指标在36个城市排名中低于中位数。在36个城市中排

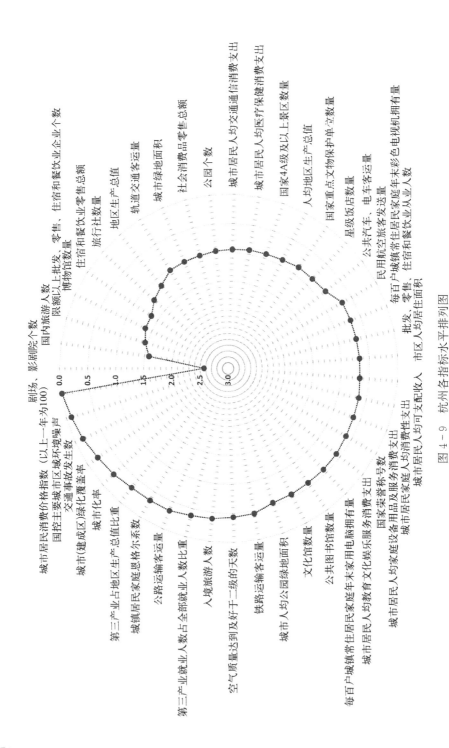

图4－9　杭州各指标水平排列图

名前十的指标有 29 个,具体有地区生产总值,人均地区生产总值,第三产业占地区生产总值比重,社会消费品零售总额,住宿和餐饮业零售总额,批发、零售、住宿和餐饮业从业人数,限额以上批发、零售、住宿和餐饮业企业个数,公共汽车、电车客运量,轨道交通客运量,铁路运输客运量,文化馆数量,博物馆数量,剧场、影剧院个数,旅行社数量,星级饭店数量,国家 4A 级及以上景区数量,公园个数,国内旅游人数,市区人均居住面积,城市绿地面积,城镇居民家庭恩格尔系数,城市居民人均可支配收入,城市居民家庭人均消费性支出,城市居民人均家庭设备用品及服务消费支出,城市居民人均医疗保健消费支出,城市居民人均交通通信消费支出,城市居民人均教育文化娱乐服务消费支出,每百户城镇常住居民家庭年末彩色电视机拥有量,每百户城镇常住居民家庭年末家用电脑拥有量。其中,城市居民人均交通通信消费支出在 36 个城市中排名第一。交通事故发生数(第 27 名),国控主要城市区域环境噪声(第 29 名)等 2 个指标是 36 个城市中排名后十位。从中可以看出,杭州的整体指标水平较高,交通安全和环境噪声方面存在不足,还有待提高。

二、西安

西安是世界历史名城、中华文明和中华民族重要发祥地,是国家重要的科研、教育、工业基地,也是丝绸之路起点城市、"一带一路"倡议的核心区,拥有丰富的历史文化、教育资源,被评为中国最佳旅游目的地。从数据分析上看,西安 43 个指标水平值区间在 0～3,均值为 0.648 1,高于均值水平的指标有 13 个,占指标总数的 30.23%。具体是批发、零售、住宿和餐饮业从业人数,博物馆数量,国内旅游人数,民用航空旅客发送量,轨道交通客运量,国家重点文物保护单位数量,公共汽车、电车客运量,社会消费品零售总额,国家荣誉称号数,旅行社数量,城市绿地面积,地区生产总值,国家 4A 级及以上景区数量。从中可以看出,西安在城市休闲化进程中,表现较好的指标主要集中于文化设施规模、交通客运规模、旅游接待和设施规模,这充分体现了西安的文化底蕴浓厚,对外吸引力较强。

低于均值水平的指标有 30 个,占指标总数的 69.77%。具体有住宿和餐饮业零售总额、城市居民人均医疗保健消费支出、限额以上批发、零售、住宿和餐饮业企业个数、星级饭店数量、市区人均居住面积、公路运输客运量、公共图书馆数量、人均地区生产总值、文化馆数量、城市居民人均家庭设备用品及服务消费支出、入境旅游人数、公园个数、每百户城镇常住居民家庭年末家用电脑拥有量、城市居民人均教育文化娱乐服务消费支出、城市居民人均可支配收入、城市人均公园绿地面积、城市居民人均交通通信消费支出、城市居民家庭人均消费性支出、每百户城镇常住居民家庭年末彩色电视机拥有量、第三产业就业人数占全部就业人数比重、空气质量达到及好于二级的天数、城镇居民家庭恩格尔系数、第三产业占地区生产总值比重、铁路运输客运量、城市化率、城市(建成区)绿化覆盖率、交通事故发生数、国控主要城市区域环境噪声、剧场、影剧院个数、城市居民消费价格指数(以上一年为 100)。从中可以看出,西安在城市休闲化进程中发展较弱的指标主要集中在人均休闲消费支出、餐饮住宿业规模、第三产业发展、城市环境等方面。这说明西安在休闲支出与投入方面均有所欠缺,需加强城市的生态文明建设和休闲服务设施建设。

从横向指标来看,西安 43 个指标有 28 个指标在 36 个城市排名中高于中位数,有 15 个指标在 36 个城市排名中低于中位数。在 36 个城市中排名前十的指标有 11 个,具体有批发、零售、住宿和餐饮业从业人数、博物馆数量、民用航空旅客发送量、国家重点文物保护单位数量、国内旅游人数、公共汽车、电车客运量公路运输客运量、轨道交通客运量、住宿和餐饮业零售总额、国家 4A 级及以上景区数量、市区人均居住面积。而在 36

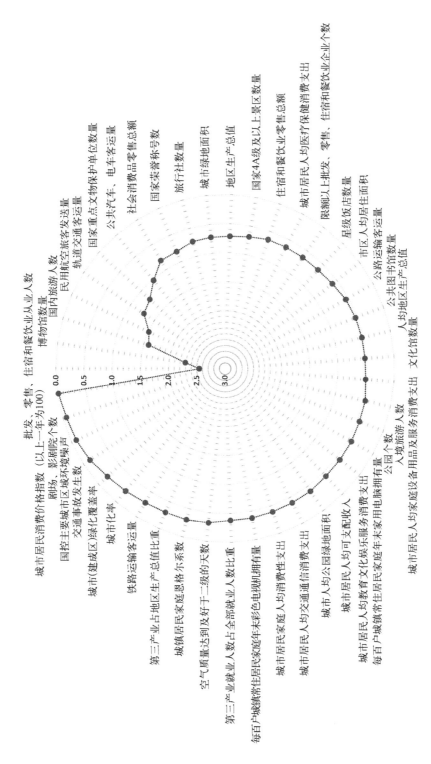

图 4-10 西安各指标水平排列图

个城市中排名后十位的指标的有城市人均公园绿地面积(第27名),交通事故发生数(第29名),城市居民家庭人均消费性支出(第30名),城市居民人均交通通信消费支出(第30名),空气质量达到及好于二级的天数(第31名),剧场、影剧院个数(第32名)等指标。从中可以看出,西安的交通客运规模、文化设施规模、旅游接待规模等方面无论在自身发展还是横向指标排名中,均位于前列,但是在生态环境建设、人均休闲消费支出上需要继续提升,从而提高居民的休闲幸福感。

三、郑州

郑州是华夏文明的重要发祥地,也是全国重要的铁路、航空、电力、邮政电信主枢纽城市。从数据结果上看,郑州各个指标水平值区间在0～2.5,均值为0.5170,高于均值水平的指标有19个,占指标总数的44.19%。具体是国家重点文物保护单位数量,国内旅游人数,国家荣誉称号数,地区生产总值,社会消费品零售总额,入境旅游人数,博物馆数量,公共汽车、电车客运量,限额以上批发、零售、住宿和餐饮业企业个数,公共图书馆数量,人均地区生产总值,市区人均居住面积,轨道交通客运量,公园个数,城市人均公园绿地面积,城市居民人均医疗保健消费支出,星级饭店数量,城市绿地面积,文化馆数量。从中可以看出,郑州的文化设施规模、批发零售和住宿餐饮业规模、交通客运规模等发展良好,这与郑州本身丰富的文化资源和通达的交通网络密不可分。

低于均值水平的指标有24个,占指标总数的55.81%。具体有每百户城镇常住居民家庭年末家用电脑拥有量,城镇居民家庭恩格尔系数,住宿和餐饮业零售总额,国家4A级及以上景区数量,每百户城镇常住居民家庭年末彩色电视机拥有量,城市居民人均可支配收入,旅行社数量,城市居民人均家庭设备用品及服务消费支出,城市居民家庭人均消费性支

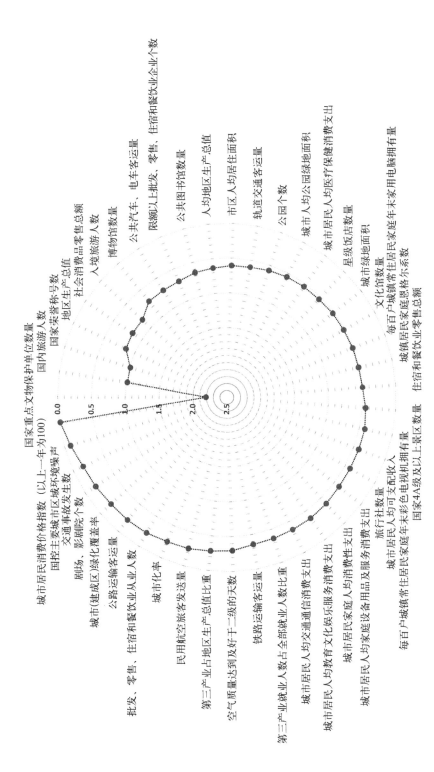

图4－11 郑州各指标水平排列图

出,城市居民人均教育文化娱乐服务消费支出,城市居民人均交通通信消费支出,第三产业就业人数占全部就业人数比重,铁路运输客运量,空气质量达到及好于二级的天数,第三产业占地区生产总值比重,民用航空旅客发送量,城市化率,批发、零售、住宿和餐饮业从业人数,公路运输客运量,城市(建成区)绿化覆盖率,剧场、影剧院个数,交通事故发生数,国控主要城市区域环境噪声,城市居民消费价格指数(以上一年为100)。从中可以看出,郑州在城市休闲化进程中,人均消费支出、旅游接待设施、城市绿化环境和第三产业发展等指标水平还相对较弱,这说明郑州在旅游接待服务、城市生态文明等方面需要进一步加强,提高城市的吸引力。

从横向指标来看,郑州43个指标有23个指标在36个城市排名中高于中位数,有20个指标在36个城市排名中低于中位数。在36个城市中排名前十的指标有6个,具体有城镇居民家庭恩格尔系数,国家重点文物保护单位数量,入境旅游人数,市区人均居住面积,公共图书馆数量,公园个数。在36个城市中排名处于后十位的有第三产业占地区生产总值比重(第27名),城市居民人均家庭设备用品及服务消费支出(第29名),民用航空旅客发送量(第31名),城市居民家庭人均消费性支出(第31名),城市居民人均交通通信消费支出(第31名),城市居民人均教育文化娱乐服务消费支出(第31名),空气质量达到及好于二级的天数(第33名)等7个指标。从中可以看出,郑州的文化设施规模发展优势显著,但是第三产业发展、居民消费水平和城市空气质量等方面都处于下游水平,未来随着郑州城市地位的提升,需要进一步提升自身的休闲服务产业发展和环境质量。

四、南京

南京是长江国际航运物流中心,长三角辐射带动中西部地区发展的国家重要门户城市,有"六朝古都""十朝都会"之称。从数据分析上看,南京各个指标水平值区间在 0～2,均值为 0.687 8,高于均值水平的指标有 16 个,占指标总数的 37.21%。具体是城市绿地面积,剧场、影剧院个数,轨道交通客运量,国家重点文物保护单位数量,社会消费品零售总额,博物馆数量,限额以上批发、零售、住宿和餐饮业企业个数,地区生产总值,人均地区生产总值,住宿和餐饮业零售总额,城市居民人均教育文化娱乐服务消费支出,国内旅游人数,旅行社数量,国家荣誉称号数城市人均公园绿地面积,市区人均居住面积。从中可以看出,南京在城市休闲化进程中,交通客运规模、文化娱乐规模、住宿餐饮业规模等方面优势明显,表明南京的休闲相关产业供给能力相对较强。

低于均值水平的指标有 27 个,占指标总数的 62.79%。具体有公共汽车、电车客运量,城市居民人均可支配收入,城市居民人均交通通信消费支出,每百户城镇常住居民家庭年末家用电脑拥有量,城市居民人均家庭设备用品及服务消费支出,每百户城镇常住居民家庭年末彩色电视机拥有量,公共图书馆数量,国家 4A 级及以上景区数量,城市居民人均医疗保健消费支出,城市居民家庭人均消费性支出,公园个数,文化馆数量,入境旅游人数,公路运输客运量,星级饭店数量,第三产业就业人数占全部就业人数比重,空气质量达到及好于二级的天数,民用航空旅客发送量,交通事故发生数,批发、零售、住宿和餐饮业从业人数,铁路运输客运量,城镇居民家庭恩格尔系数,第三产业占地区生产总值比重,城市化率,城市(建成区)绿化覆盖率,国控主要城市区域环境噪声,城市居民消费价格指数(以上一年为 100)。从中可以看出,南京在交通客运规模、旅游接待设施和规模、城市绿化环境、空气质量等方面发展还有待提升。

从横向指标来看,南京 43 个指标有 37 个指标在 36 个城市排名中高于中位数,有 6 个指标在 36 个城市排名中低于中位数。在 36 个城市中排名前十的指标有 23 个,具体有地区生产总值,人均地区生产总值,城市化

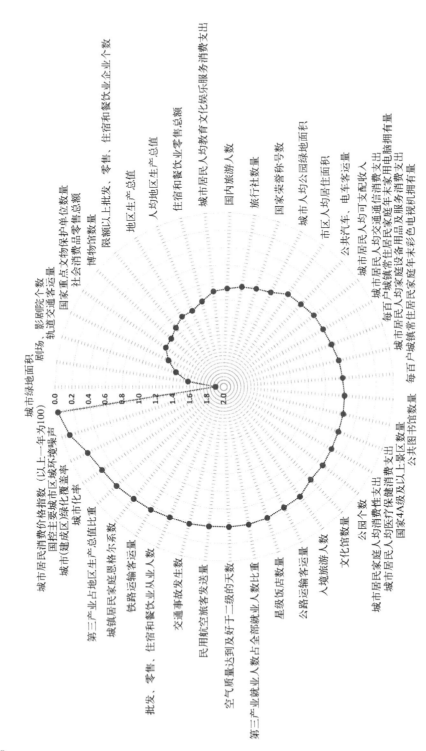

图4-12 南京各指标水平排列图

率,社会消费品零售总额,住宿和餐饮业零售总额,限额以上批发、零售、住宿和餐饮业企业个数,轨道交通客运量,公路运输客运量,剧场、影剧院个数,国家重点文物保护单位数量,旅行社数量,市区人均居住面积,城市(建成区)绿化覆盖率,城市绿地面积,城市人均公园绿地面积,国控主要城市区域环境噪声,城镇居民家庭恩格尔系数,城市居民人均可支配收入,城市居民人均家庭设备用品及服务消费支出,城市居民人均交通通信消费支出,城市居民人均教育文化娱乐服务消费支出,每百户城镇常住居民家庭年末彩色电视机拥有量,每百户城镇常住居民家庭年末家用电脑拥有量。没有一个指标排名在后十位。从中可以看出,南京 43 个指标在全国范围内表现良好,说明南京休闲化发展整体水平相对较高。

五、济南

济南地处中国华东地区,是环渤海经济区和京沪经济轴上的重要交汇点,华东地区重要的交通枢纽之一。境内泉水众多,拥有"山、泉、湖、河、城"独特风貌,是国家历史文化名城、首批中国优秀旅游城市。从数据结果上看,济南各个指标水平值区间在 0~1.5,均值为 0.487 3,高于均值水平的指标有 24 个,占指标总数的 55.81%。具体有旅行社数量,限额以上批发、零售、住宿和餐饮业企业个数,剧场、影剧院个数,国家荣誉称号数,铁路运输客运量,社会消费品零售总额,人均地区生产总值,地区生产总值,国家重点文物保护单位数量,城市居民人均家庭设备用品及服务消费支出,公共汽车、电车客运量,星级饭店数量,城市居民人均交通通信消费支出,城市居民人均医疗保健消费支出,民用航空旅客发送量,市区人均居住面积,城市绿地面积,城市居民人均教育文化娱乐服务消费支出,城市人均公园绿地面积,国内旅游人数,公共图书馆数量,每百户城镇常住居民家庭年末家用电脑拥有量,城市居民家庭人均消费性支出,城市居民人均可支配收入。从中可以看出,济南在城市休闲化进程中,旅游设施规模、交通客运规模、人均休闲消费支出、文化设施规模等竞争力较强,这说明济南注重城市的文化建设与休闲娱乐产品供给,能够满足人们的休闲文化娱乐需求。

低于均值水平的指标有 19 个,占指标总数的 44.19%。具体有文化馆数量、国家 4A 级及以上景区数量、每百户城镇常住居民家庭年末彩色电视机拥有量、城镇居民家庭恩格尔系数、公园个数、第三产业就业人数占全部就业人数比重、入境旅游人数、第三产业占地区生产总值比重、住宿和餐饮业零售总额、空气质量达到及好于二级的天数、城市化率、博物馆数量、城市(建成区)绿化覆盖率、批发、零售、住宿和餐饮业从业人数、交通事故发生数、国控主要城市区域环境噪声、公路运输客运量、轨道交通客运量、城市居民消费价格指数(以上一年为 100)。从中可以看出,济南在城市休闲化进程中发展较弱的指标有城市生态环境、第三产业发展、旅游接待规模等,反映出济南在城市休闲化进程中需要着力提升生态和产业发展环境。

从横向指标来看,济南 43 个指标有 22 个指标在 36 个城市排名中高于中位数,有 21 个指标在 36 个城市排名中低于中位数。在 36 个城市中排名前十的指标有 6 个,具体有铁路运输客运量、旅行社数量、城市居民人均家庭设备用品及服务消费支出、城镇居民家庭恩格尔系数、市区人均居住面积、城市居民人均教育文化娱乐服务消费支出。处于中等水平的有地区生产总值、人均地区生产总值、第三产业占地区生产总值比重、第三产业就业人数占全部就业人数比重、社会消费品零售总额、住宿和餐饮业零售总额、批发、零售、住宿和餐饮业从业人数、限额以上批发、零售、住宿和餐饮业企业个数、公共汽车、电车客运量、文化馆数量(省、地市级+县级)、公共图书馆数量、剧场、影剧院个数、国家重点文物保护单位数量、

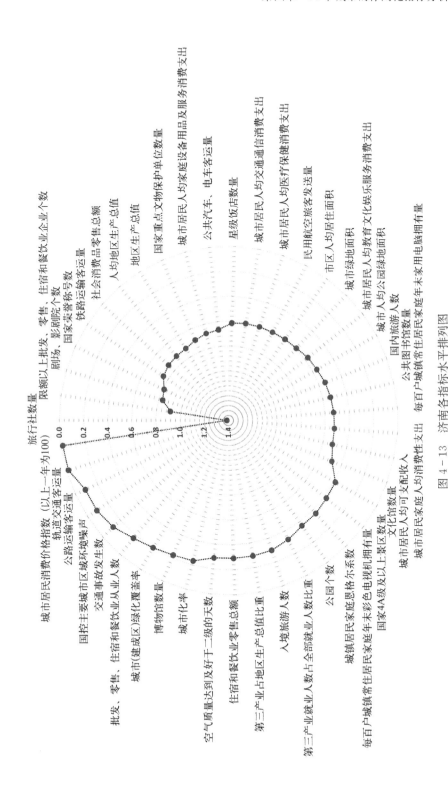

图 4 - 13 济南各指标水平排列图

每百户城镇常住居民家庭年末家用电脑拥有量、星级饭店数量、国家 4A 级及以上景区数量、公园个数、国内旅游人数、入境旅游人数、城市绿地面积、城市人均公园绿地面积、每百户城镇常住居民家庭年末彩色电视机拥有量、国控主要城市区域环境噪声、国家荣誉称号数、城市居民人均可支配收入、城市居民家庭人均消费性支出、城市居民人均医疗保健消费支出、城市居民人均交通通信消费支出、城市居民人均教育文化娱乐服务消费支出等 29 个指标。在 36 个城市中排名处于后十位的有博物馆数量(第 27 名)、城市(建成区)绿化覆盖率(第 27 名)、城市化率(第 28 名)、第三产业就业人数占全部就业人数比重(第 29 名)、公路运输客运量(第 30 名)、轨道交通客运量(第 31 名)、交通事故发生数(第 31 名)、空气质量达到及好于二级的天数(第 35 名)等 8 个指标。从中可以看出,济南在休闲发展过程中城市化水平较低,交通客运规模在 36 个城市中排名靠后,在未来发展中应提高城市的基础设施水平,吸引人口流入。

六、合肥

合肥是一座具有两千多年历史的古城,文化底蕴深厚。近年来,在长三角区域一体化发展战略推动下,发展速度较快,国家重要的科研教育基地、现代制造业基地和综合交通枢纽。从数据结果上看,合肥各个指标水平值区间在 0~1.5,均值为 0.432 6,高于均值水平的指标有 17 个,占指标总数的 39.53%。具体有剧场、影剧院个数,限额以上批发、零售、住宿和餐饮业企业个数,社会消费品零售总额,国内旅游人数,地区生产总值,人均地区生产总值,博物馆数量,城市居民人均交通通信消费支出,国家荣誉称号数,国家 4A 级及以上景区数量,民用航空旅客发送量,住宿和餐饮业零售总额,每百户城镇常住居民家庭年末家用电脑拥有量,城市居民人均教育文化娱乐服务消费支出,城市居民人均可支配收入,每百户城镇常住居民家庭年末彩色电视机拥有量,市区人均居住面积。从中可以看出,合肥在城市休闲化进程中表现较好的有休闲设施规模、住宿餐饮业规模、人均消费支出等,这说明合肥的休闲产业供给与居民休闲消费需求相对匹配。

低于均值水平的指标有 26 个,占指标总数的 60.47％。具体有城市人均公园绿地面积,城市居民家庭人均消费性支出,城市绿地面积,公共汽车、电车客运量,文化馆数量,空气质量达到及好于二级的天数,公路运输客运量城市居民人均家庭设备用品及服务消费支出,公共图书馆数量,轨道交通客运量,旅行社数量,星级饭店数量,批发、零售、住宿和餐饮业从业人数,城市居民人均医疗保健消费支出,城镇居民家庭恩格尔系数,第三产业占地区生产总值比重,第三产业就业人数占全部就业人数比重,铁路运输客运量,城市化率,公园个数,国家重点文物保护单位数量,交通事故发生数,城市(建成区)绿化覆盖率,国控主要城市区域环境噪声,入境旅游人数,城市居民消费价格指数(以上一年为 100)。从中可以看出,合肥在城市休闲化进程中表现较弱的指标有交通客运规模、文化设施规模、第三产业发展、入境旅游接待规模等方面。说明合肥的文化供给能力还相对不强、商业业态等还不够充分,对外吸引力还有待提升。

从横向指标来看,合肥 43 个指标有 20 个指标在 36 个城市排名中高于中位数,有 23 个指标在 36 个城市排名中低于中位数。在 36 个城市中排名前十的指标有 2 个,具体有剧场、影剧院个数,每百户城镇常住居民家庭年末彩色电视机拥有量。

在 36 个城市中排名处于后十位的有国家荣誉称号数(第 27 名),旅行社数量(第 28 名),公共图书馆数量(第 30 名),星级饭店数量(第 30 名),入境旅游人数(第 30 名),城市居民人均家庭设备用品及服务消费支出(第 34 名),城市居民人均医疗保健消费支出(第 34 名),第三产业就业

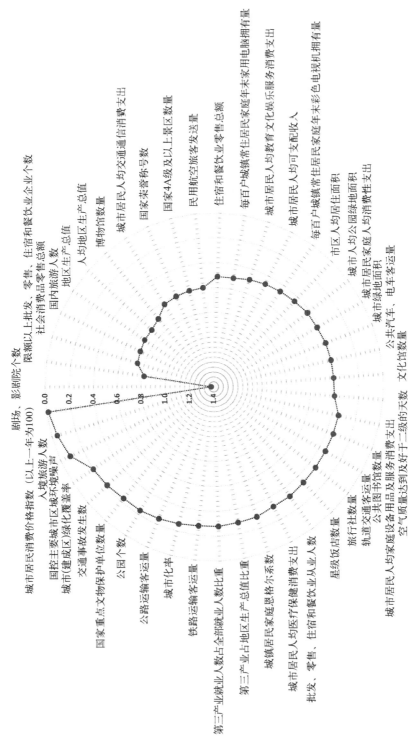

图4－14　合肥各指标水平排列图

人数占全部就业人数比重(第 35 名),国控主要城市区域环境噪声(第 35 名)等 9 个指标。从中可以看出,合肥的休闲设施相对完善,但文化设施的供给类型还不够多元,为满足本地居民的文化需求,应加大休闲文化设施的丰富性。

七、沈阳

沈阳是中国最重要的以装备制造业为主的重工业基地,也是国家历史文化名城,历史悠久,文化底蕴深厚。从数据结果上看,沈阳各个指标水平值区间在 0~1.5,均值为 0.442 1,高于均值水平的指标有 22 个,占指标总数的 51.16%。具体是剧场、影剧院个数,公共汽车、电车客运量,公共图书馆数量,城市居民人均交通通信消费支出,每百户城镇常住居民家庭年末家用电脑拥有量,国家荣誉称号数,城市居民人均家庭设备用品及服务消费支出,社会消费品零售总额,城市人均公园绿地面积,星级饭店数量,市区人均居住面积,文化馆数量,轨道交通客运量,城市居民人均医疗保健消费支出,人均地区生产总值,城市绿地面积,国内旅游人数,城市居民家庭人均消费性支出,地区生产总值,城市居民人均教育文化娱乐服务消费支出,城市居民人均可支配收入,公园个数。从中可以看出,沈阳在城市休闲化进程中,休闲设施规模、交通客运规模、人均消费支出、生态环境等指标发展良好,反映出沈阳的休闲设施建设和生态环境建设相对较好,能够满足本地居民的休闲娱乐需求。

低于均值水平的指标有 21 个,占指标总数的 48.84%。具体有旅行社数量,第三产业就业人数占全部就业人数比重,住宿和餐饮业零售总额,交通事故发生数,国家重点文物保护单位数量,空气质量达到及好于二级的天数,国家 4A 级及以上景区数量,公路运输客运量,限额以上批发、零售、住宿和餐饮业企业个数,博物馆数量,每百户城镇常住居民家庭

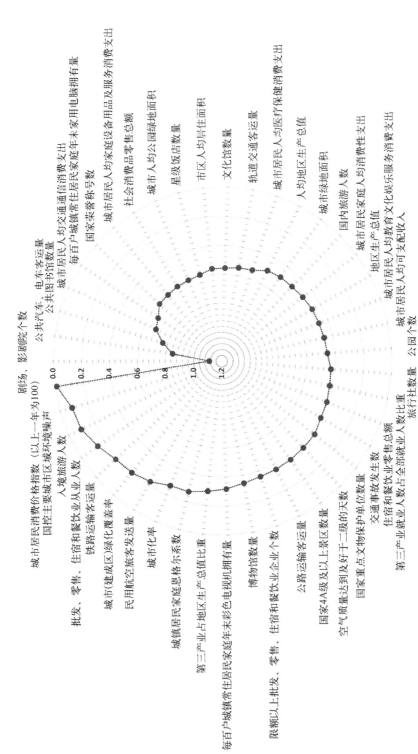

图 4-15　沈阳各指标水平排列图

年末彩色电视机拥有量,第三产业占地区生产总值比重,城镇居民家庭恩格尔系数,城市化率,民用航空旅客发送量,城市(建成区)绿化覆盖率,铁路运输客运量,批发、零售、住宿和餐饮业从业人数,入境旅游人数,国控主要城市区域环境噪声,城市居民消费价格指数(以上一年为 100)。从中可以看出,在沈阳城市休闲化进程中,第三产业发展、住宿餐饮业规模、旅游接待规模等方面发展较弱,这说明尽管长沙居民休闲娱乐需求旺盛,但是在产业供给上还相对单一,城市对外吸引力需要进一步加强。

从横向指标来看,沈阳 43 个指标有 21 个指标在 36 个城市排名中高于中位数,有 22 个指标在 36 个城市排名中低于中位数。在 36 个城市中排名前十的指标有 8 个,具体有城市化率,第三产业就业人数占全部就业人数比重,公共汽车、电车客运量,文化馆数量,公共图书馆数量,剧场、影剧院个数,每百户城镇常住居民家庭年末家用电脑拥有量。在 36 个城市中排名处于后十位的有空气质量达到及好于二级的天数(第 27 名),人均地区生产总值(第 28 名),城市(建成区)绿化覆盖率(第 28 名),城镇居民家庭恩格尔系数(第 28 名),民用航空旅客发送量(第 33 名),每百户城镇常住居民家庭年末彩色电视机拥有量(第 36 名)等 6 个指标。从中可以看出,尽管城市化率低于均值水平,但是在 36 个城市中仍然处于上游水平,说明沈阳的城市化水平相对较高,在城市休闲化进程中,要注重经济、交通、生态环境等方面的均衡发展。

八、青岛

青岛是中国五大计划单列市之一,也被评为中国最具幸福感城市,该市最大的优势是海洋资源,同时拥有中国第一家以啤酒为主题的博物馆。从数据分析上看,青岛各个指标水平值区间在 0～2,均值为 0.553 3,高于均值水平的指标有 19 个,占指标总数的 44.19%。具体有博物馆数量,国家荣誉称号数、剧场、影剧院个数、地区生产总值、社会消费品零售总额、城市绿地面积、公共汽车、电车客运量、人均地区生产总值、限额以上批发、零售、住宿和餐饮业企业个数、旅行社数量、城市居民人均交通通信消费支山、民用航空旅客发送量、城市人均公园绿地面积、公园个数、星级饭店数量、城市居民人均家庭设备用品及服务消费支出、市区人均居住面积、国内旅游人数、城市居民人均教育文化娱乐服务消费支出。从中可以看出,青岛在城市休闲化进程中,文化设施规模、交通客运规模、旅游接待服务等指标发展良好,这与青岛自身优良的自然资源与文化资源相关。

低于均值水平的指标有 24 个,占指标总数的 55.81%。具体有城市居民家庭人均消费性支出、城市居民人均可支配收入、国家 4A 级及以上景区数量、入境旅游人数、城市居民人均医疗保健消费支出、公共图书馆数量、每百户城镇常住居民家庭年末家用电脑拥有量、文化馆数量、住宿和餐饮业零售总额、国家重点文物保护单位数量、空气质量达到及好于二级的天数、每百户城镇常住居民家庭年末彩色电视机拥有量、第三产业就业人数占全部就业人数比重、城镇居民家庭恩格尔系数、第三产业占地区生产总值比重、轨道交通客运量、城市化率、交通事故发生数、城市(建成区)绿化覆盖率、批发、零售、住宿和餐饮业从业人数、公路运输客运量、铁路运输客运量、国控主要城市区域环境噪声、城市居民消费价格指数(以上一年为100)。从中可以看出,青岛在城市休闲化进程中发展较弱的指标有人均消费支出、城市绿化环境、第三产业发展等,说明青岛本地居民的休闲旅游消费能力尚显不足,需要加强多元化休闲业态发展。

从横向指标来看,青岛 43 个指标有 26 个指标在 36 个城市排名中高于中位数,有 17 个指标在 36 个城市排名中低于中位数。在 36 个城市中排名前十的指标有 13 个,具体有人均地区生产总值、社会消费品零售总额、公共汽车、电车客运量、博物馆数量、剧场、影剧院个数、公园个数、人

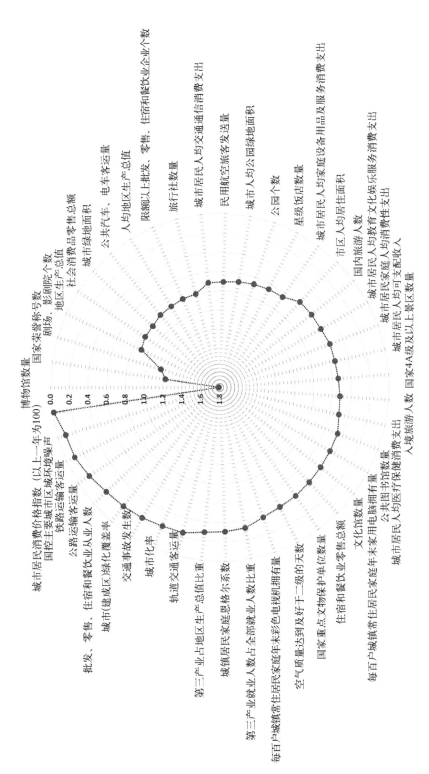

图 4 - 16 青岛各指标水平排列图

境旅游人数,城市人均公园绿地面积,国家荣誉称号数,城市居民人均可支配收入,城市居民家庭人均消费性支出,城市居民人均家庭设备用品及服务消费支出,城市居民人均交通通信消费支出。在 36 个城市中排名处于后十位的指标有 5 个,具体是城市居民消费价格指数(以上一年为 100)(第 27 名),城市化率(第 27 名),第三产业就业人数占全部就业人数比重(第 30 名),铁路运输客运量(第 30 名),国控主要城市区域环境噪声(第 30 名)。从中可以看出,青岛城市整体休闲水平较高,但是在第三产业、居民消费及居住环境等关乎居民休闲生活质量方面的建设仍需加强。

九、长沙

长沙是长江经济带重要的节点城市,有"屈贾之乡""潇湘洙泗"之称,是首批国家历史文化名城,存有马王堆汉墓、铜官窑等历史遗迹。从数据结果上看,长沙各个指标水平值区间在 0~1.5,均值为 0.506 7,高于均值水平的指标有 19 个,占指标总数的 44.19%。具体是国内旅游人数,城市居民人均教育文化娱乐服务消费支出,民用航空旅客发送量,地区生产总值,人均地区生产总值,国家荣誉称号数,城市居民人均家庭设备用品及服务消费支出,城市居民人均医疗保健消费支出,社会消费品零售总额,市区人均居住面积,轨道交通客运量,国家重点文物保护单位数量,城市居民人均交通通信消费支出,旅行社数量,每百户城镇常住居民家庭年末家用电脑拥有量,城市居民家庭人均消费性支出,城市居民人均可支配收入,限额以上批发、零售、住宿和餐饮业企业个数,公共汽车、电车客运量。从中可以看出,长沙在城市休闲化进程中,人均消费支出、旅游接待规模、娱乐设施规模等竞争力较强,体现了长沙休闲娱乐产业体系的成熟与完善。

低于均值水平的指标有 24 个,占指标总数的 55.81%。具体有交通

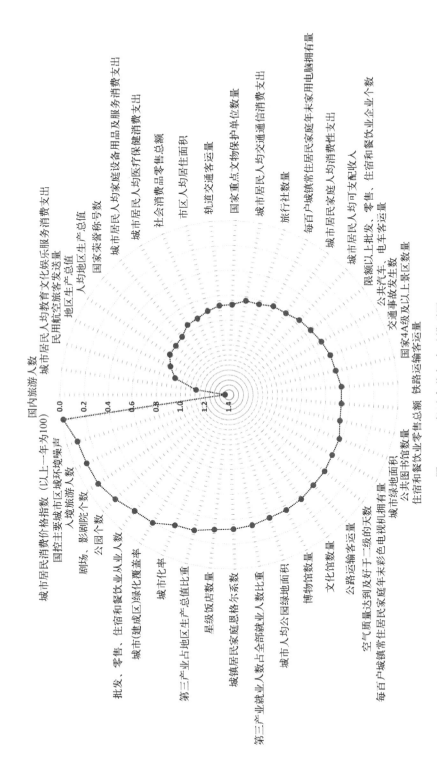

图4-17　长沙各指标水平排列图

事故发生数，国家 4A 级及以上景区数量，铁路运输客运量，住宿和餐饮业零售总额，公共图书馆数量，城市绿地面积，每百户城镇常住居民家庭年末彩色电视机拥有量，空气质量达到及好于二级的天数，公路运输客运量，文化馆数量，博物馆数量，城市人均公园绿地面积，第三产业就业人数占全部就业人数比重，城镇居民家庭恩格尔系数，星级饭店数量，第三产业占地区生产总值比重，城市化率，城市（建成区）绿化覆盖率，批发、零售、住宿和餐饮业从业人数，公园个数，剧场、影剧院个数，入境旅游人数，国控主要城市区域环境噪声，城市居民消费价格指数（以上一年为 100）。从中可以看出，长沙在城市休闲化进程中，发展竞争力较弱的指标主要是文化设施规模、空气与环境绿化、交通客运规模等，这表明长沙的休闲产业供给能力和对外吸引力还有待加强。

从横向指标来看，长沙 43 个指标有 27 个指标在 36 个城市排名中高于中位数，有 16 个指标在 36 个城市排名中低于中位数。在 36 个城市中排名前十的指标有 12 个，具体有城市居民人均家庭设备用品及服务消费支出，公路运输客运量，铁路运输客运量，民用航空旅客发送量，国内旅游人数，市区人均居住面积，城市居民人均可支配收入，城市居民消费价格指数（以上一年为 100），城市居民家庭人均消费性支出，城市居民人均医疗保健消费支出，城市居民人均教育文化娱乐服务消费支出，每百户城镇常住居民家庭年末家用电脑拥有量。其中城市居民人均家庭设备用品及服务消费支出，城市居民人均教育文化娱乐服务消费支出位列第一。在 36 个城市中排名处于后十位的有第三产业占地区生产总值比重（第 28 名），第三产业就业人数占全部就业人数比重（第 28 名），文化馆数量（第 28 名），剧场、影剧院个数（第 28 名），公园个数（第 29 名），星级饭店数量（第 31 名），城市（建成区）绿化覆盖率（第 32 名），城市人均公园绿地面积（第 32 名）等 8 个指标。从中可以看出，长沙的人均消费类指标发展优势显著,但是环境绿化、第三产业发展、文化设施规模等处于下游水平,未来长沙在城市休闲化发展中,应加大关乎居民幸福感指标的投入力度。

十、哈尔滨

哈尔滨位于东北地区,是中国东北北部政治、经济、文化中心,被誉为亚欧大陆桥的明珠,荣获"中国最具竞争力区域金融中心城市""全国文化体制改革工作先进城市"等荣誉称号。从数据分析上看,哈尔滨各个指标水平值区间在0~3,均值为0.429 2,高于均值水平的指标有14个,占指标总数的32.56%。具体有国家重点文物保护单位数量,剧场、影剧院个数,博物馆数量,文化馆数量,国家4A级及以上景区数量,城市居民人均医疗保健消费支出,公共图书馆数量,城市居民人均教育文化娱乐服务消费支出,公共汽车、电车客运量,城市居民人均交通通信消费支出,每百户城镇常住居民家庭年末家用电脑拥有量,城市居民人均家庭设备用品及服务消费支出,第三产业就业人数占全部就业人数比重,国内旅游人数。从中可以看出,哈尔滨在城市休闲化进程中发展良好的指标有文化设施规模、交通客运规模、旅游设施规模,这说明哈尔滨在休闲发展中较注重文化建设和旅游产业发展。

低于均值水平的有29个,占指标总数的67.44%。具体有城市居民家庭人均消费性支出,国家荣誉称号数,每百户城镇常住居民家庭年末彩色电视机拥有量,空气质量达到及好于二级的天数,城市居民人均可支配收入,星级饭店数量,公园个数,地区生产总值,社会消费品零售总额,人均地区生产总值,市区人均居住面积,城市人均公园绿地面积,民用航空旅客发送量,第三产业占地区生产总值比重,城市绿地面积,入境旅游人数,城镇居民家庭恩格尔系数,城市化率,限额以上批发、零售、住宿和餐饮业企业个数,城市(建成区)绿化覆盖率,铁路运输客运量,公路运输客

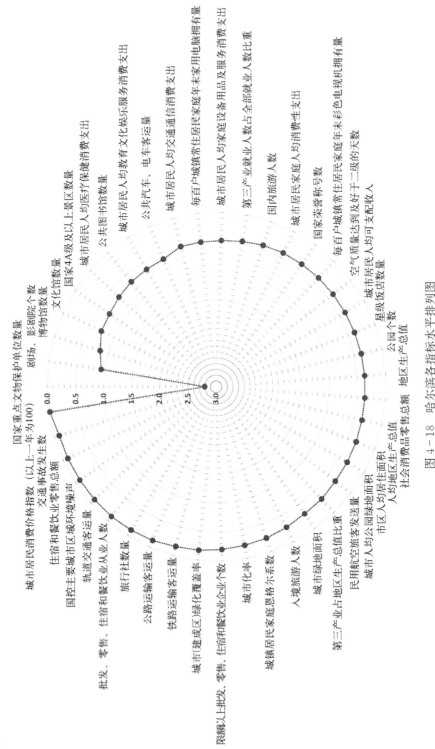

图4-18 哈尔滨各指标水平排列图

运量,旅行社数量,批发、零售、住宿和餐饮业从业人数,轨道交通客运量,国控主要城市区域环境噪声,住宿和餐饮业零售总额,交通事故发生数,城市居民消费价格指数(以上一年为100)。从中可以看出,哈尔滨在城市休闲化进程中发展较弱的指标有人均消费支出、旅游接待规模、城市生态环境等,尽管旅游设施建设竞争力明显,但是在接待规模上却低于均值水平,说明哈尔滨在休闲发展中还需注重投入与产出之间的平衡。

从横向指标来看,哈尔滨43个指标有12个指标在36个城市排名中高于中位数,有31个指标在36个城市排名中低于中位数,排名后三位所占比例高达16.28%。在36个城市中排名前十的指标有10个,具体有国家重点文物保护单位数量,城市居民消费价格指数(以上一年为100),第三产业就业人数占全部就业人数比重,文化馆数量,城市居民人均教育文化娱乐服务消费支出,第三产业占地区生产总值比重,公共图书馆数量,国家4A级及以上景区数量,剧场、影剧院个数,城市居民人均医疗保健消费支出。在36个城市中排名处于后十位的有城市化率,住宿和餐饮业零售总额,批发、零售、住宿和餐饮业从业人数,限额以上批发、零售、住宿和餐饮业企业个数,轨道交通客运量,民用航空旅客发送量,国内旅游人数,国家荣誉称号数,城镇居民家庭恩格尔系数,城市居民人均可支配收入,人均地区生产总值(第34名),市区人均居住面积(第34名),城市人均公园绿地面积(第34名),交通事故发生数(第35名),旅行社数量(第36名),城市(建成区)绿化覆盖率(第36名),国控主要城市区域环境噪声(第36名)等17个指标。从中可以看出,哈尔滨的文化设施规模不论在自身发展还是横向指标中,发展竞争力都比较显著,但是批发零售业规模、城市生态环境等仍需加强,以提高城市居民休闲生活质量。

第四节　Ⅰ型大城市休闲化指标分析

城区常住人口规模在300万以上500万以下的城市为Ⅰ型大城市,符合这一标准的城市有长春、南宁、昆明、太原、乌鲁木齐、厦门、大连、宁波、石家庄、福州、南昌、兰州12个城市。从城市区域分布看,东部城市有厦门、大连、宁波、福州4个城市,中部城市有长春、太原、石家庄、南昌4个城市,西部城市有南宁、昆明、乌鲁木齐、兰州4个城市;从城市行政区划级别看,12个城市中除大连、厦门和宁波是计划单列市,其他皆为省会(或自治区首府)城市。

一、长春

长春是中国重要的工业基地、国家历史文化名城和全国综合交通枢纽,有"东方底特律"和"东方好莱坞"之称,具有众多历史古迹、工业遗产和文化遗存。从数据结果上看,长春各个指标水平值区间在0~1.5,均值为0.404 8,高于均值水平的指标有21个,占指标总数的48.84%。具体有国家荣誉称号数城市绿地面积,剧场、影剧院个数,城市居民人均医疗保健消费支出,国内旅游人数,公共汽车、电车客运量,市区人均居住面积,城市居民人均教育文化娱乐服务消费支出,人均地区生产总值,公共图书馆数量,每百户城镇常住居民家庭年末家用电脑拥有量,文化馆数量,公园个数,地区生产总值,城市居民人均家庭设备用品及服务消费支出,博物馆数量,城市居民人均交通通信消费支出,民用航空旅客发送量,城市居民家庭人均消费性支出,国家4A级及以上景区数量,入境旅游人数。从中可以看出,长春在城市休闲化进程中发展良好的指标有文化设施规模、城市生态环境、人均消费支出等,这说明长春注重居民休闲环境建设,其休闲文化设施供给与消费需求之间匹配良好。

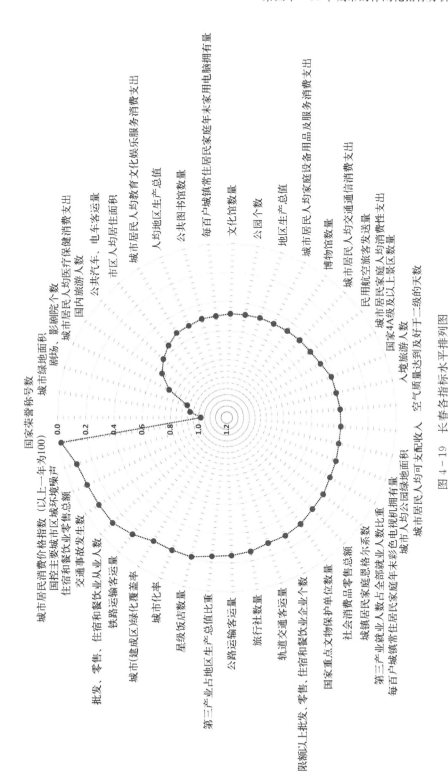

图 4-19　长春各指标水平排列图

低于均值指标的有 22 个,占指标总数的 51.16%。具体有空气质量达到及好于二级的天数,城市居民人均可支配收入,城市人均公园绿地面积,每百户城镇常住居民家庭年末彩色电视机拥有量,第三产业就业人数占全部就业人数比重,城镇居民家庭恩格尔系数,社会消费品零售总额,国家重点文物保护单位数量,限额以上批发、零售、住宿和餐饮业企业个数,轨道交通客运量,旅行社数量,公路运输客运量,第三产业占地区生产总值比重,星级饭店数量,城市化率,城市(建成区)绿化覆盖率,铁路运输客运量,批发、零售、住宿和餐饮业从业人数,交通事故发生数,住宿和餐饮业零售总额,国控主要城市区域环境噪声,城市居民消费价格指数(以上一年为100)。从中可以看出,长春在城市休闲化进程中发展较弱的指标有第三产业发展、交通客运规模、住宿餐饮业规模等,这说明长春在城市休闲供给上仍需加强。

从横向指标来看,长春 43 个指标有 14 个指标在 36 个城市排名中高于中位数,有 29 个指标在 36 个城市排名中低于中位数。在 36 个城市中排名前十的指标有 5 个,具体有城市居民人均医疗保健消费支出,城镇居民家庭恩格尔系数,城市居民消费价格指数(以上一年为100),城市绿地面积,国家荣誉称号数。在 36 个城市中排名处于后十位的有人均地区生产总值(第 27 名),社会消费品零售总额(第 28 名),每百户城镇常住居民家庭年末彩色电视机拥有量(第 29 名),城市人均公园绿地面积(第 30 名),旅行社数量(第 31 名),城市居民人均可支配收入(第 31 名),住宿和餐饮业零售总额(第 32 名),交通事故发生数(第 32 名),城市化率(第 35 名),第三产业占地区生产总值比重(第 35 名),星级饭店数量(第 36 名)等 11 个指标。从中可以看出,长春在经济基础、休闲设施供给等方面在 36 个城市中稍显不足,在未来发展中应加强休闲基础设施建设,提高城市自身吸引力。

二、南宁

南宁是一座历史悠久的文化古城,同时也是一个以壮族为主的多民族现代化、国际化城市。从数据结果上看,南宁各个指标水平值区间在 0~1.5,均值为 0.336 1,高于均值水平的指标有 21 个,占指标总数的 48.84%。具体有国内旅游人数、国家荣誉称号数、国家 4A 级及以上景区数量、公共图书馆数量、每百户城镇常住居民家庭年末家用电脑拥有量、文化馆数量、城市居民人均医疗保健消费支出、空气质量达到及好于二级的天数、第三产业就业人数占全部就业人数比重、每百户城镇常住居民家庭年末彩色电视机拥有量、限额以上批发、零售、住宿和餐饮业企业个数、城市居民人均可支配收入、轨道交通客运量、星级饭店数量、人均地区生产总值、社会消费品零售总额、城市人均公园绿地面积、城市居民人均教育文化娱乐服务消费支出、市区人均居住面积、城市居民人均交通通信消费支出、地区生产总值。从中可以看出,南宁在城市休闲化进程中发展较好的指标有旅游设施规模、国内旅游接待规模、空气质量、文化设施规模等,说明南宁注重旅游产业发展与生态环境建设,彰显了南宁城市的魅力。

低于均值水平的指标有 22 个,占指标总数的 51.16%。具体有剧场、影剧院个数、城市居民人均家庭设备用品及服务消费支出、第三产业占地区生产总值比重、城市居民家庭人均消费性支出、住宿和餐饮业零售总额、城市绿地面积、公路运输客运量、民用航空旅客发送量、公共汽车、电车客运量、城镇居民家庭恩格尔系数、城市化率、旅行社数量、城市(建成区)绿化覆盖率、博物馆数量、铁路运输客运量、交通事故发生数、公园个数、入境旅游人数、国家重点文物保护单位数量、批发、零售、住宿和餐饮业从业人数、国控主要城市区域环境噪声、城市居民消费价格指数(以上

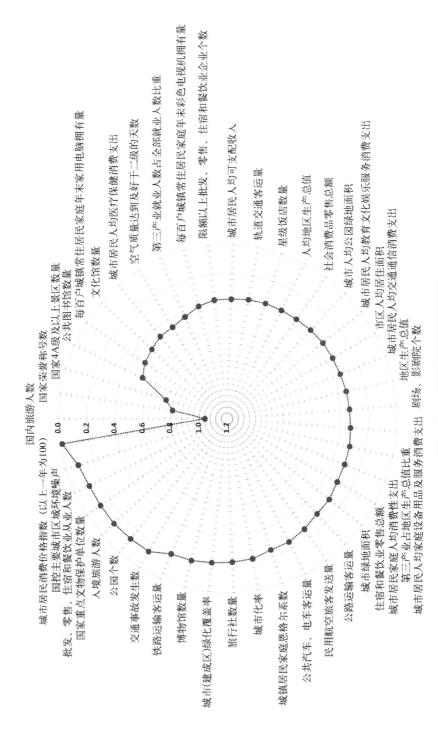

图 4 - 20　南宁各指标水平排列图

一年为 100）。从中可以看出，南宁在城市休闲化进程中发展较弱的指标有人均休闲消费支出、交通客运规模、休闲娱乐设施规模、住宿餐饮业规模等，这说明南宁的休闲相关产业供给能力还有待提升。

从横向指标来看，南宁 43 个指标有 10 个指标在 36 个城市排名中高于中位数，有 33 个指标在 36 个城市排名中低于中位数，排名后三位所占比例高达 18.60％。在 36 个城市中排名前十的指标有 5 个，具体有国家 4A 级及以上景区数量、空气质量达到及好于二级的天数、国控主要城市区域环境噪声、第三产业占地区生产总值比重、第三产业就业人数占全部就业人数比重。而地区生产总值、人均地区生产总值、社会消费品零售总额、公共汽车、电车客运量、民用航空旅客发送量、交通事故发生数、博物馆数量、旅行社数量、星级饭店数量、公园个数、城市绿地面积、城市人均公园绿地面积、城市居民人均医疗保健消费支出、城市居民人均教育文化娱乐服务消费支出、国家重点文物保护单位数量（第 34 名）、城市化率（第 34 名）、城镇居民家庭恩格尔系数（第 34 名）、城市居民人均可支配收入（第 34 名）、城市居民人均交通通信消费支出（第 34 名）、市区人均居住面积（第 35 名）、城市居民家庭人均消费性支出（第 35 名）、城市居民人均家庭设备用品及服务消费支出（第 36 名）等 22 个指标，在 36 个城市中排名处于后十位。从中可以看出，南宁整体休闲化发展较弱，其中人均休闲消费支出在 36 个城市中落后，这与南宁城市人口规模较小有一定的关系。

三、昆明

昆明地处中国西南地区、云贵高原中部，别称"春城"，在气候、生态、物种多样性、民族多样性、历史文化、门户开放等方面有着独特的优势。从数据结果上看，昆明各个指标水平值区间在 0～3.5，均值为 0.570 7，高于均值水平的指标有 14 个，占指标总数的 32.56％。具体有星级饭店数量、公园个数、国内旅游人数、国家荣誉称号数、剧场、影剧院个数、城市居民人均医疗保健消费支出、城市居民人均家庭设备用品及服务消费支出、博物馆数量、城市居民人均教育文化娱乐服务消费支出、国家重点文物保护单位数量、城市居民人均交通通信消费支出、市区人均居住面积、文化馆数量、公共图书馆数量。从中可以看出,昆明在城市休闲化进程中表现良好的指标有文化休闲设施规模、人均消费支出、旅游接待规模,这与昆明本身的环境条件与地理位置有密切关系。

低于均值水平的指标有 29 个,占指标总数的 67.44%。具体有城市居民家庭人均消费性支出、城镇居民家庭恩格尔系数、每百户城镇常住居民家庭年末家用电脑拥有量、公共汽车、电车客运量、人均地区生产总值、社会消费品零售总额、交通事故发生数、地区生产总值、空气质量达到及好于二级的天数、城市居民人均可支配收入、民用航空旅客发送量、每百户城镇常住居民家庭年末彩色电视机拥有量、城市人均公园绿地面积、城市绿地面积、第三产业就业人数占全部就业人数比重、公路运输客运量、第三产业占地区生产总值比重、住宿和餐饮业零售总额、轨道交通客运量、国家 4A 级及以上景区数量、入境旅游人数、城市化率、限额以上批发、零售、住宿和餐饮业企业个数、城市(建成区)绿化覆盖率、铁路运输客运量、旅行社数量、批发、零售、住宿和餐饮业从业人数、国控主要城市区域环境噪声、城市居民消费价格指数(以上一年为 100)。从中可以看出,昆明在城市休闲化进程中表现较弱的指标有交通客运规模、经济发展水平、第三产业发展等,侧面说明昆明自身的休闲娱乐产业供给不充分,商业业态不够丰富,未来发展需加强文旅产业发展,平衡好本地居民与外来游客之间的关系。

从横向指标来看,昆明 43 个指标有 26 个指标在 36 个城市排名中高于中位数,有 17 个指标在 36 个城市排名中低于中位数。在 36 个城市中

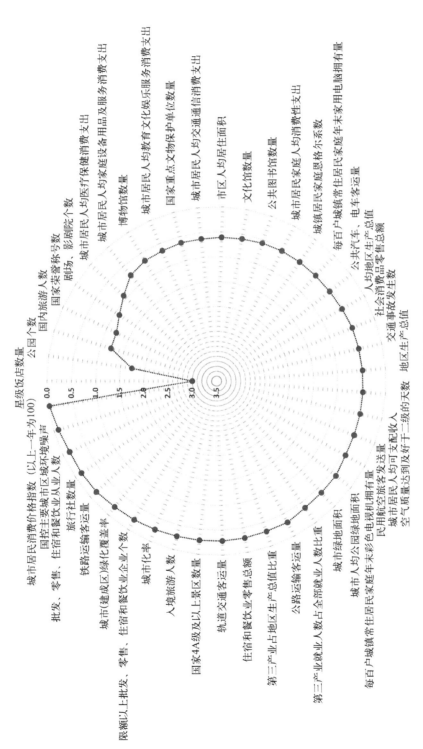

图 4 - 21　昆明各指标水平排列图

排名前十的指标有 13 个,具体有星级饭店数量、空气质量达到及好于二级的天数、城镇居民家庭恩格尔系数、公园个数、城市居民人均家庭设备用品及服务消费支出、城市居民人均医疗保健消费支出、城市居民人均教育文化娱乐服务消费支出、国家荣誉称号数、市区人均居住面积、文化馆数量、每百户城镇常住居民家庭年末家用电脑拥有量、剧场、影剧院个数、城市居民家庭人均消费性支出。其中,星级饭店数量、空气质量达到及好于二级的天数、城镇居民家庭恩格尔系数排名位列第一。在 36 个城市中排名处于后十位的有限额以上批发、零售、住宿和餐饮业企业个数(第 28 名)、国家 4A 级及以上景区数量(第 28 名)、城市人均公园绿地面积(第 31 名)、旅行社数量(第 35 名)、城市居民消费价格指数(以上一年为 100)(第 35 名)等 5 个指标。从中可以看出,昆明的文化、休闲娱乐设施水平好,同时昆明的环境质量较高,但是本地居民休闲娱乐消费水平还有待提升。

四、太原

太原是山西省政治、经济、文化和国际交流中心,国家可持续发展议程创新示范区,以能源、重化工为主的工业基地,拥有着两千多年建城历史,文化底蕴深厚。从数据结果上看,太原各个指标水平值区间在 0～1.5,均值为 0.358 5,高于均值水平的指标有 19 个,占指标总数的44.19％。具体有公路运输客运量、国家重点文物保护单位数量、城市人均公园绿地面积、城市居民人均医疗保健消费支出、剧场、影剧院个数、人均地区生产总值、公共图书馆数量、文化馆数量、民用航空旅客发送量、旅行社数量、第三产业就业人数占全部就业人数比重、国家荣誉称号数、每百户城镇常住居民家庭年末家用电脑拥有量、城市居民人均家庭设备用品及服务消费支出、星级饭店数量、城市居民人均教育文化娱乐服务消费支出、城市居民人均可支配收入、城镇居民家庭恩格尔系数、市区人均居住面积。从中可以看出,太原在城市休闲化进程中,交通客运规模、文娱消费支出、旅游设施规模等发展较好,可能与太原本身的城市规模有很大联系。

低于均值水平的指标有 24 个,占指标总数的 55.81%,具体有限额以上批发、零售、住宿和餐饮业企业个数,每百户城镇常住居民家庭年末彩色电视机拥有量,城市居民人均交通通信消费支出,住宿和餐饮业零售总额,博物馆数量,国内旅游人数,城市居民家庭人均消费性支出,第三产业占地区生产总值比重,地区生产总值,空气质量达到及好于二级的天数,城市绿地面积,城市化率,社会消费品零售总额,公共汽车、电车客运量,国家 4A 级及以上景区数量,交通事故发生数,城市(建成区)绿化覆盖率,公园个数,批发、零售、住宿和餐饮业从业人数,铁路运输客运量,国控主要城市区域环境噪声,入境旅游人数,城市居民消费价格指数(以上一年为 100),轨道交通客运量。从中可以看出,太原在城市休闲化进程中发展较弱的指标有第三产业发展、城市生态环境、住宿餐饮业规模等。这说明太原的对外吸引力还不够强,商业的业态不够丰富、休闲游憩的选择性较少。

从横向指标来看,太原 43 个指标有 11 个指标在 36 个城市排名中高于中位数,有 32 个指标在 36 个城市排名中低于中位数。在 36 个城市中排名前十的指标有 6 个,具体有城市(建成区)绿化覆盖率,城市化率,公路运输客运量,国控主要城市区域环境噪声,城镇居民家庭恩格尔系数,国家重点文物保护单位数量。在 36 个城市中排名处于后十位的有星级饭店数量(第 27 名)、公园个数(第 27 名),铁路运输客运量(第 28 名),地区生产总值(第 29 名),国家 4A 级及以上景区数量(第 29 名),社会消费品零售总额(第 30 名),国内旅游人数(第 30 名),城市绿地面积(第 30 名),国家荣誉称号数(第 30 名),城市居民人均教育文化娱乐服务消费支出(第 30 名),公共汽车、电车客运量(第 31 名),城市居民人均家庭设备

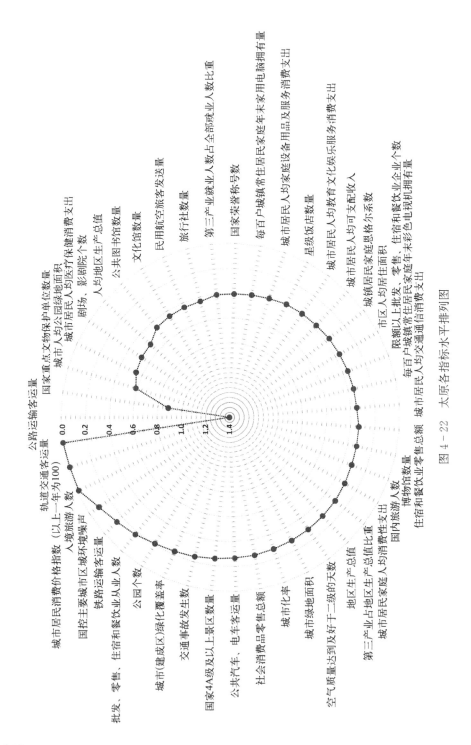

图 4-22 太原各指标水平排列图

用品及服务消费支出(第 31 名),轨道交通客运量(第 32 名),市区人均居住面积(第 32 名),每百户城镇常住居民家庭年末家用电脑拥有量(第 32 名),城市居民消费价格指数(以上一年为 100)(第 33 名),城市居民人均交通通信消费支出(第 33 名),每百户城镇常住居民家庭年末彩色电视机拥有量(第 33 名),入境旅游人数(第 34 名),空气质量达到及好于二级的天数(第 34 名),城市居民人均可支配收入(第 35 名),城市居民家庭人均消费性支出(第 36 名)等 22 个指标。从中可以看出,太原在旅游接待设施上还需加强,拓展商业业态的多元性,提升城市吸引力。

五、乌鲁木齐

乌鲁木齐地处亚欧大陆中心,是西方文化和中国文化的荟萃之地,有"亚心之都"的称呼,同时也是全国文明城市、国家园林城市、全国双拥模范城市、中国优秀旅游城市、全国民族团结进步模范城市。从数据结果上看,乌鲁木齐各个指标水平值区间在 0~3,均值为 0.438 2,高于均值水平的指标有 15 个,占指标总数的 34.88%。具体有交通事故发生数星级饭店数量,城市居民人均医疗保健消费支出,城市居民人均教育文化娱乐服务消费支出,城市居民人均交通通信消费支出,城市人均公园绿地面积,城市绿地面积,城市居民人均家庭设备用品及服务消费支出,公共汽车、电车客运量,人均地区生产总值,城市居民家庭人均消费性支出,市区人均居住面积,旅行社数量,民用航空旅客发送量,第三产业就业人数占全部就业人数比重。从中可以看出,乌鲁木齐在城市休闲化进程中发展较好的指标集中于人均休闲消费支出、市内交通规模、城市绿化环境等,这说明乌鲁木齐本地居民休闲消费需求相对旺盛,同时城市的基础设施、生态文明建设较好。

低于均值指标的有 28 个,占指标总数的 65.12%。具体有城市居民

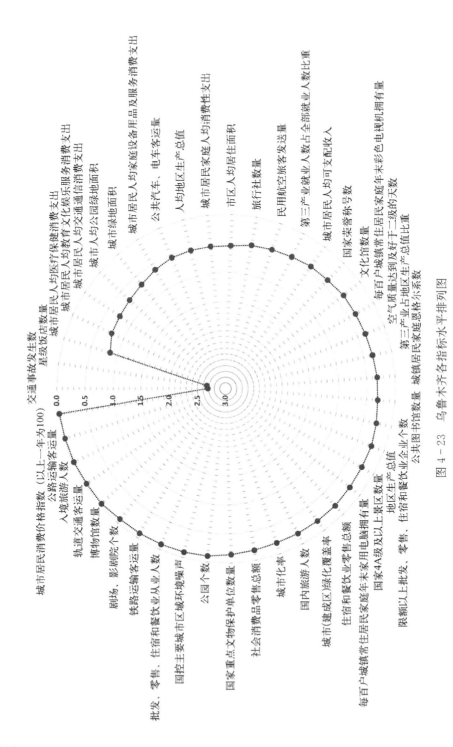

图 4 - 23　乌鲁木齐各指标水平排列图

人均可支配收入、国家荣誉称号数、文化馆数量、每百户城镇常住居民家庭年末彩色电视机拥有量、空气质量达到及好于二级的天数、第三产业占地区生产总值比重、城镇居民家庭恩格尔系数、公共图书馆数量、限额以上批发、零售、住宿和餐饮业企业个数、地区生产总值、国家 4A 级及以上景区数量、每百户城镇常住居民家庭年末家用电脑拥有量、住宿和餐饮业零售总额、城市(建成区)绿化覆盖率、国内旅游人数、城市化率、社会消费品零售总额、国家重点文物保护单位数量、公园个数、国控主要城市区域环境噪声、批发、零售、住宿和餐饮业从业人数、铁路运输客运量、剧场、影剧院个数、博物馆数量、轨道交通客运量、入境旅游人数、公路运输客运量、城市居民消费价格指数(以上一年为 100)。从中可以看出,乌鲁木齐在城市休闲化进程中发展较弱的指标集中于对外交通客运规模、第三产业发展、文化娱乐设施规模、旅游接待规模等,这说明乌鲁木齐的休闲产业结构相对单一、对外吸引力较弱。

从横向指标来看,乌鲁木齐 43 个指标有 15 个指标在 36 个城市排名中高于中位数,有 28 个指标在 36 个城市排名中低于中位数,排名后三位所占比例高达 11.63%。在 36 个城市中排名前十的指标有 9 个,具体有城市居民消费价格指数(以上一年为 100)、交通事故发生数、星级饭店数量、城市居民人均教育文化娱乐服务消费支出、城市居民人均医疗保健消费支出、第三产业占地区生产总值比重、第三产业就业人数占全部就业人数比重、城市居民人均交通通信消费支出、城市人均公园绿地面积。其中,城市居民消费价格指数(以上一年为 100)在 36 个城市排名中位列第一。而每百户城镇常住居民家庭年末彩色电视机拥有量、空气质量达到及好于二级的天数、城市(建成区)绿化覆盖率、入境旅游人数、国内旅游人数、国内旅游人数、国家 4A 级及以上景区数量、国家重点文物保护单位数量、剧场、影剧院个数、公共图书馆数量、文化馆数量、铁路运输客运量、轨道交通客运量,批发、零售、住宿和餐饮业从业人数,社会消费品零售总额,城市化率,地区生产总值,公路运输客运量(第34名),每百户城镇常住居民家庭年末家用电脑拥有量(第35名),国家荣誉称号数(第35名),博物馆数量(第35名),公路运输客运量(第35名),每百户城镇常住居民家庭年末家用电脑拥有量(第36名)等21个指标,在36个城市中排名处于后十位。从中可以看出,尽管乌鲁木齐的第三产业在自身发展水平中较弱,然而在横向比较中却处于上游水平,在未来发展中可以发扬自身优势。值得注意的是,乌鲁木齐在城市绿化环境、旅游接待、文化娱乐休闲设施规模等方面还需加强。

六、厦门

厦门是我国五大计划单列市之一,也是国家综合配套改革试验区、国家物流枢纽、东南国际航运中心,交通条件便利,自然资源丰富。从数据结果上看,厦门各个指标水平值区间在0~3,均值为0.526 1,高于均值水平的指标有13个,占指标总数的30.23%。具体有入境旅游人数,交通事故发生数,旅行社数量,国家荣誉称号数,人均地区生产总值,民用航空旅客发送量,限额以上批发、零售、住宿和餐饮业企业个数,城市人均公园绿地面积,公共汽车、电车客运量,城市居民人均交通通信消费支出,国内旅游人数,城市居民人均可支配收入,城市居民家庭人均消费性支出。从中可以看出,厦门在城市休闲化进程中发展良好的指标有交通客运规模、人均休闲消费水平和入境旅游接待规模,这说明厦门的城市居住环境相对优越,吸引力较强。

低于均值水平的指标有30个,占指标总数的69.77%。具体有公园个数,住宿和餐饮业零售总额,城市居民人均家庭设备用品及服务消费支出,城市居民人均医疗保健消费支出,每百户城镇常住居民家庭年末家用

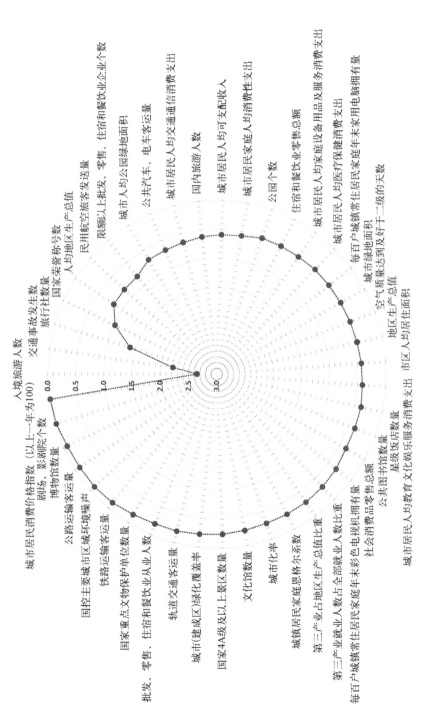

图 4 - 24 厦门各指标水平排列图

电脑拥有量、城市绿地面积、空气质量达到及好于二级的天数、地区生产总值、市区人均居住面积、城市居民人均教育文化娱乐服务消费支出、星级饭店数量、公共图书馆数量、社会消费品零售总额、每百户城镇常住居民家庭年末彩色电视机拥有量、第三产业就业人数占全部就业人数比重、第三产业占地区生产总值比重、城镇居民家庭恩格尔系数、城市化率、文化馆数量、国家4A级及以上景区数量、城市(建成区)绿化覆盖率、轨道交通客运量、批发、零售、住宿和餐饮业从业人数、国家重点文物保护单位数量、铁路运输客运量、国控主要城市区域环境噪声、公路运输客运量、博物馆数量、剧场、影剧院个数、城市居民消费价格指数(以上一年为100)。从中可以看出,厦门在城市休闲化进程中发展较弱的指标有住宿餐饮业规模、文娱设施规模、第三产业发展等,这说明厦门休闲产业供给能力尚显不足。

从横向指标来看,厦门43个指标有20个指标在36个城市排名中高于中位数,有23个指标在36个城市排名中低于中位数。在36个城市中排名前十的指标有13个,具体有人均地区生产总值、城市化率、民用航空旅客发送量、交通事故发生数、旅行社数量、入境旅游人数、城市(建成区)绿化覆盖率、城市人均公园绿地面积、空气质量达到及好于二级的天数、国家荣誉称号数、城市居民人均可支配收入、城市居民家庭人均消费性支出、城市居民人均交通通信消费支出。在36个城市中排名处于后十位的有公共图书馆数量(第27名)、城市居民人均医疗保健消费支出(第27名)、铁路运输客运量(第29名)、交通事故发生数(第30名)、国家4A级及以上景区数量(第30名)、城市居民消费价格指数(以上一年为100)(第30名)、公路运输客运量(第31名)、第三产业就业人数占全部就业人数比重(第33名)、文化馆数量(第34名)、博物馆数量(第34名)、剧场、影剧院个数(第34名)、每百户城镇常住居民家庭年末彩色电视机拥有量(第35

名)等 12 个指标。从中可以看出,厦门入境旅游发展比国内旅游发展竞争力强,这与厦门地理位置有密切联系,同时要注重休闲文化产业的发展,提升本地居民生活幸福感。

七、大连

大连是中国 5 个计划单列市之一,其狭长的海岸线造就了众多的自然美景,旅游业发展较好。从数据结果上看,大连各个指标水平值区间在 0～1,均值为 0.397 9,高于均值水平的指标有 23 个,占指标总数的 53.49%。具体有星级饭店数量,公共汽车、电车客运量,城市居民人均医疗保健消费支出,交通事故发生数,旅行社数量,人均地区生产总值,国家 4A 级及以上景区数量,国家重点文物保护单位数量,公共图书馆数量,城市居民人均家庭设备用品及服务消费支出,公园个数,地区生产总值,博物馆数量,城市居民人均交通通信消费支出,城市居民人均可支配收入,城市居民家庭人均消费性支出,文化馆数量,每百户城镇常住居民家庭年末家用电脑拥有量,城市居民人均教育文化娱乐服务消费支出,空气质量达到及好于二级的天数,市区人均居住面积,第三产业就业人数占全部就业人数比重,国家荣誉称号数。从中可以看出,大连在城市休闲化进程中,旅游设施规模、人均消费支出和城市生态环境竞争力较强,这说明大连在休闲基础设施建设上表现较好。

低于均值水平的有 20 个,占指标总数的 46.51%。具体有城市绿地面积,城市人均公园绿地面积,每百户城镇常住居民家庭年末彩色电视机拥有量,限额以上批发、零售、住宿和餐饮业企业个数,国内旅游人数,入境旅游人数公路运输客运量,社会消费品零售总额,城镇居民家庭恩格尔系数,城市化率,第三产业占地区生产总值比重,轨道交通客运量,民用航空旅客发送量,城市(建成区)绿化覆盖率,住宿和餐饮业零售总额,批发、

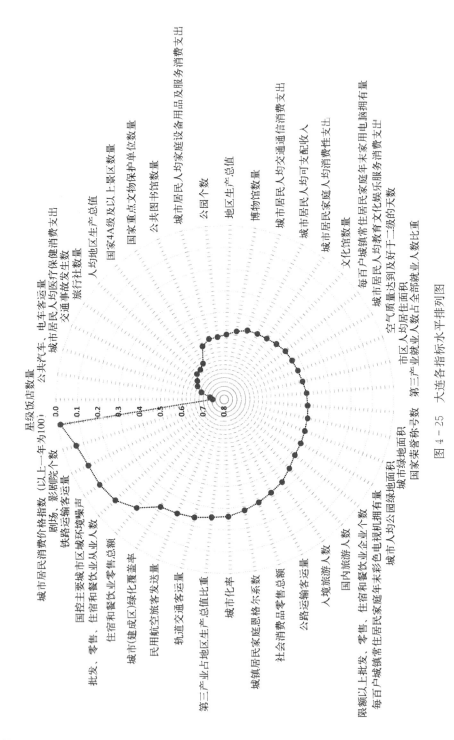

图4-25 大连各指标水平排列图

零售、住宿和餐饮业从业人数,国控主要城市区域环境噪声,铁路运输客运量,剧场、影剧院个数,城市居民消费价格指数(以上一年为100)。从中可以看出,大连在第三产业发展、住宿餐饮业规模、交通客运规模、家庭娱乐设施等方面发展较弱,这说明大连在城市休闲化进程中,城市对外吸引力还较弱,一定程度上制约了大连休闲旅游产业的竞争力。

从横向指标来看,大连43个指标有18个指标在36个城市排名中高于中位数,有25个指标在36个城市排名中低于中位数。在36个城市中排名前十的指标有3个,具体有城市(建成区)绿化覆盖率,交通事故发生数,星级饭店数。在36个城市中排名处于后十位的有住宿和餐饮业零售总额(第28名),批发、零售、住宿和餐饮业从业人数(第28名),国内旅游人数(第28名),每百户城镇常住居民家庭年末家用电脑拥有量(第28名),社会消费品零售总额(第29名),城市人均公园绿地面积(第29名),剧场、影剧院个数(第30名),铁路运输客运量(第31名),第三产业占地区生产总值比重(第32名),民用航空旅客发送量(第32名)国家荣誉称号数(第32名)等11个指标。从中可以看出,大连的家庭娱乐设施、文化设施规模、交通客运规模等方面在36个城市中排名靠后,在未来要完善休闲基础设施,提升城市对外吸引力。

八、宁波

宁波是我国五大计划单列市之一,也是我国东南沿海重要的港口城市、长江三角洲南翼经济中心,地理位置优越,文化底蕴浓厚。从数据结果上看,宁波各个指标水平值区间在0~1.5,均值为0.541 6,高于均值水平的指标有19个,占指标总数的44.19%。具体有限额以上批发、零售、住宿和餐饮业企业个数,博物馆数量,国家荣誉称号数,国内旅游人数,地区生产总值,人均地区生产总值,市区人均居住面积,城市居民人均交通通信消费支出,国家 4A 级及以上景区数量,国家重点文物保护单位数量,星级饭店数量,城市居民人均家庭设备用品及服务消费支出,社会消费品零售总额,每百户城镇常住居民家庭年末彩色电视机拥有量,城市居民人均可支配收入,公园个数,城市居民家庭人均消费性支出,城市居民人均教育文化娱乐服务消费支出,每百户城镇常住居民家庭年末家用电脑拥有量。从中可以看出,宁波在城市休闲化进程中发展较好的指标集中于住宿餐饮业规模、休闲设施规模等,这说明宁波居民休闲消费需求与休闲娱乐供给之间匹配度较高。

低于均值水平的指标有 24 个,占指标总数的 55.81%。具体有城市居民人均医疗保健消费支出,旅行社数量,公共图书馆数量,空气质量达到及好于二级的天数,民用航空旅客发送量,剧场、影剧院个数,文化馆数量,住宿和餐饮业零售总额,批发、零售、住宿和餐饮业从业人数,公共汽车、电车客运量,城市绿地面积,城市人均公园绿地面积,铁路运输客运量,城镇居民家庭恩格尔系数,第三产业就业人数占全部就业人数比重,轨道交通客运量,城市化率,第三产业占地区生产总值比重,交通事故发生数,城市(建成区)绿化覆盖率,公路运输客运量,入境旅游人数,国控主要城市区域环境噪声,城市居民消费价格指数(以上一年为 100)。从中可以看出,宁波在城市休闲化进程中发展较弱的指标集中于旅游接待规模、城市环境质量、文化设施规模、交通客运规模等,这说明宁波在居民休闲娱乐活动的多元性与便利性方面有待提升。

从横向指标来看,宁波 43 个指标有 26 个指标在 36 个城市排名中高于中位数,有 17 个指标在 36 个城市排名中低于中位数。在 36 个城市中排名前十的指标有 15 个,具体有人均地区生产总值,限额以上批发、零售、住宿和餐饮业企业个数,博物馆数量,国家 4A 级及以上景区数量,公园个数,市区人均居住面积,空气质量达到及好于二级的天数,国家荣誉

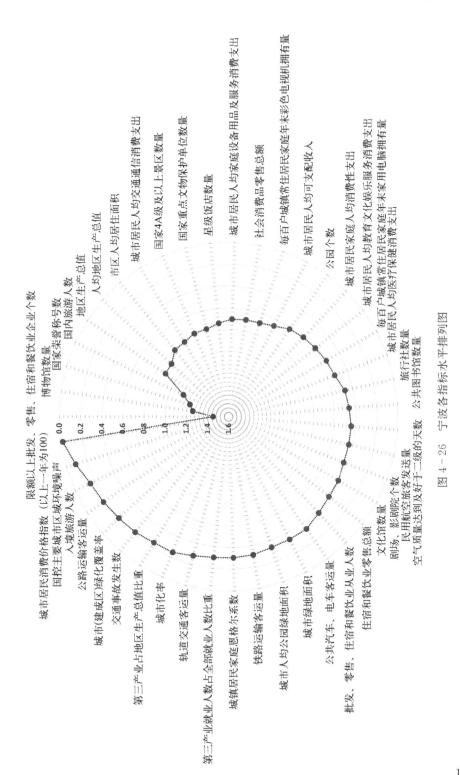

图 4-26 宁波各指标水平排列图

称号数,城市居民人均可支配收入,城市居民消费价格指数(以上一年为100),城市居民家庭人均消费性支出,城市居民人均家庭设备用品及服务消费支出,城市居民人均交通通信消费支出,每百户城镇常住居民家庭年末彩色电视机拥有量,每百户城镇常住居民家庭年末家用电脑拥有量。其中,国家荣誉称号数,常住居民家庭年末彩色电视机拥有量排名第一。在36个城市中排名处于后十位的有国控主要城市区域环境噪声(第28名),公共汽车、电车客运量(第29名),第三产业占地区生产总值比重(第34名),第三产业就业人数占全部就业人数比重(第34名),城市人均公园绿地面积(第35名)等5个指标。从中可以看出,宁波具备发展休闲活动的条件相对优越,但是在市内交通规模、生态环境、第三产业发展规模等水平上尚且存在不足。

九、石家庄

石家庄地处华北地区,是我国重要的商品集散地和北方重要的大商埠、全国性商贸会展中心城市之一和中国国际数字经济博览会永久举办地,旅游资源丰富,名胜古迹众多。从数据分析上看,石家庄各个指标水平值区间在0~1.5,均值为0.388 2,高于均值水平的指标有18个,占指标总数的41.86%。具体有剧场、影剧院个数,国家重点文物保护单位数量,公共图书馆数量,文化馆数量,交通事故发生数,民用航空旅客发送量,国内旅游人数,国家4A级及以上景区数量,第三产业就业人数占全部就业人数比重,社会消费品零售总额,地区生产总值,星级饭店数量,每百户城镇常住居民家庭年末家用电脑拥有量,城市居民人均家庭设备用品及服务消费支出,国家荣誉称号数,每百户城镇常住居民家庭年末彩色电视机拥有量,城市居民人均医疗保健消费支出,城市居民人均可支配收入。从中可以看出,石家庄在城市休闲化进程中发展较好的指标有文化休闲设施规模、国内旅游接待规模、居民消费支出等,反映出石家庄的休闲文化供给相对较好。

低于均值水平的指标有 25 个,占指标总数的 58.14%。具体有城镇居民家庭恩格尔系数,城市居民家庭人均消费性支出,公园个数,铁路运输客运量,人均地区生产总值,城市居民人均教育文化娱乐服务消费支出,旅行社数量,城市绿地面积,第三产业占地区生产总值比重,城市人均公园绿地面积,市区人均居住面积,城市居民人均交通通信消费支出,空气质量达到及好于二级的天数,限额以上批发、零售、住宿和餐饮业企业个数,公共汽车、电车客运量,博物馆数量,城市化率,城市(建成区)绿化覆盖率,住宿和餐饮业零售总额,批发、零售、住宿和餐饮业从业人数,轨道交通客运量,国控主要城市区域环境噪声公路运输客运量,入境旅游人数,城市居民消费价格指数(以上一年为 100)。从中可以看出,石家庄在城市休闲化进程中发展较弱的指标集中在家庭休闲设施、交通客运规模、住宿餐饮业规模等,说明石家庄对于本地居民的休闲娱乐供给尚不够充分。

从横向指标来看,石家庄 43 个指标有 13 个指标在 36 个城市排名中高于中位数,有 30 个指标在 36 个城市排名中低于中位数,排名后三位所占比例高达 13.95%。在 36 个城市中排名前十的指标有 8 个,具体有文化馆数量,第三产业就业人数占全部就业人数比重,公共图书馆数量,城镇居民家庭恩格尔系数,剧场、影剧院个数,国家重点文物保护单位数量,交通事故发生数,国控主要城市区域环境噪声。其中,文化馆数量排名第一。在 36 个城市中排名处于后十位的有限额以上批发、零售、住宿和餐饮业企业个数(第 27 名),城市绿地面积(第 27 名),城市居民人均可支配收入(第 27 名),城市居民人均家庭设备用品及服务消费支出(第 28 名),国家荣誉称号数(第 29 名),每百户城镇常住居民家庭年末家用电脑拥有

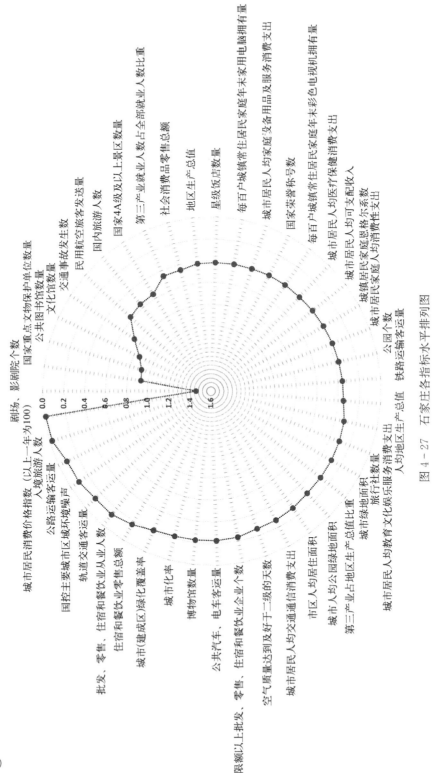

图 4 - 27　石家庄各指标水平排列图

量(第 29 名),旅行社数量(第 30 名),城市化率(第 31 名),入境旅游人数(第 31 名),公路运输客运量(第 32 名),公共汽车、电车客运量(第 33 名),城市居民家庭人均消费性支出(第 33 名),城市居民人均医疗保健消费支出(第 33 名),城市居民人均教育文化娱乐服务消费支出(第 35 名),人均地区生产总值(第 36 名),市区人均居住面积(第 36 名),城市人均公园绿地面积(第 36 名),空气质量达到及好于二级的天数(第 36 名),城市居民人均交通通信消费支出(第 36 名)等 19 个指标。从中可以看出,石家庄在交通、生态环境、旅游等方面建设不够完善,同时由于石家庄城市受制于人口规模,导致城市休闲娱乐产业规模和需求水平都还较低。

十、福州

福州依山傍水,内河密布,自然风格秀美,名胜古迹众多,曾获得中国优秀旅游城市、滨江滨海生态园林城市等称号。从数据分析上看,福州 43 个指标水平值区间在 0～3,均值为 0.517 1,高于均值水平的指标有 13 个,占指标总数的 30.23%。具体有交通事故发生数,入境旅游人数,国家荣誉称号数,限额以上批发、零售、住宿和餐饮业企业个数,市区人均居住面积,人均地区生产总值,住宿和餐饮业零售总额,博物馆数量,地区生产总值,社会消费品零售总额,国内旅游人数,国家重点文物保护单位数量,公共图书馆数量。从中可以看出,福州在城市休闲化进程中发展良好的指标集中在住宿餐饮业规模、文化设施规模等,这说明福州用于本地居民休闲娱乐需求的供给相对较强。

低于均值水平的指标有 30 个,占指标总数的 69.77%。具体有公园个数,每百户城镇常住居民家庭年末家用电脑拥有量,城市居民家庭人均消费性支出,城市居民人均可支配收入,空气质量达到及好于二级的天数,每百户城镇常住居民家庭年末彩色电视机拥有量,文化馆数量,城市居民人均交通通信消费支出,民用航空旅客发送量,城市人均公园绿地面积,城市居民人均教育文化娱乐服务消费支出,公路运输客运量,城市居民人均家庭设备用品及服务消费支出,公共汽车、电车客运量,国家 4A 级及以上景区数量,城市居民人均医疗保健消费支出,星级饭店数量,城镇居民家庭恩格尔系数,第三产业占地区生产总值比重,第三产业就业人数占全部就业人数比重,旅行社数量,城市绿地面积,城市化率,城市(建成区)绿化覆盖率,轨道交通客运量,铁路运输客运量,国控主要城市区域环境噪声,批发、零售、住宿和餐饮业从业人数,城市居民消费价格指数(以上一年为 100),剧场、影剧院个数。从中可以看出,福州在城市休闲化进程中发展较弱的指标集中在交通客运规模、旅游接待设施与规模、城市生态环境和第三产业发展等,说明福州交通与环境建设方面存在一定不足。

从横向指标来看,福州 43 个指标有 17 个指标在 36 个城市排名中高于中位数,有 26 个指标在 36 个城市排名中低于中位数,排名后三位所占比例高达 11.63%。在 36 个城市中排名前十的指标有 9 个,具体有交通事故发生数,市区人均居住面积,空气质量达到及好于二级的天数,国家荣誉称号数,入境旅游人数城市(建成区)绿化覆盖率,每百户城镇常住居民家庭年末彩色电视机拥有量,住宿和餐饮业零售总额,限额以上批发、零售、住宿和餐饮业企业个数。其中,交通事故发生数,市区人均居住面积排名第一。在 36 个城市中排名处于后十位的有公共汽车、电车客运量,城镇居民家庭恩格尔系数,城市居民人均交通通信消费支出,城市居民人均教育文化娱乐服务消费支出,城市化率,第三产业占地区生产总值比重,城市绿地面积,国控主要城市区域环境噪声,旅行社数量,城市居民人均家庭设备用品及服务消费支出,剧场、影剧院个数(第 35 名),星级饭店数量(第 35 名),城市居民人均医疗保健消费支出(第 35 名),第三产业就业人数占全部就业人数比重(第 36 名),批发、零售、住宿和餐饮业从业

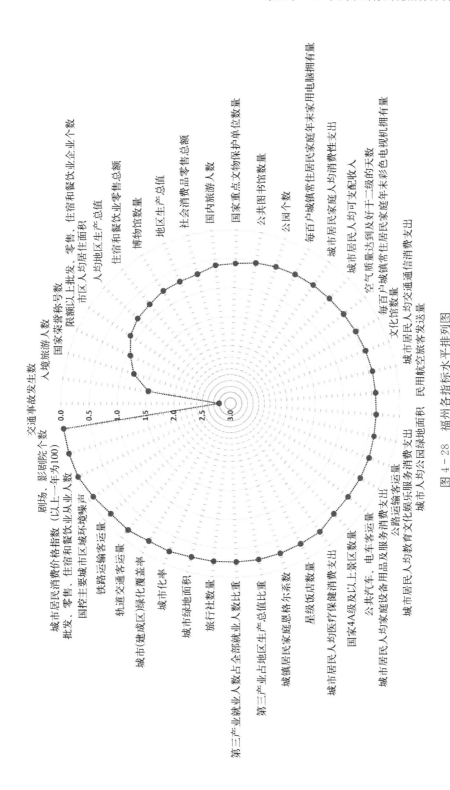

图 4-28　福州各指标水平排列图

人数(第 36 名)等 15 个指标。从中可以看出,福州的本地居民休闲需求旺盛,但是对外吸引力、旅游接待设施与规模的竞争力还有待提升。

十一、南昌

南昌是江西省的政治、经济、文化、科教和交通中心,有"粤户闽庭,吴头楚尾""襟三江而带五湖"之称,是中国唯一一个毗邻长江三角洲、珠江三角洲和海西经济区的省会城市,也是华东地区重要的中心城市之一、长江中游城市群中心城市之一。从数据结果上看,南昌各个指标水平值区间在 0~1.5,均值为 0.383 9,高于均值水平的指标有 18 个,占指标总数的41.86%。具体有国内旅游人数,国家荣誉称号数,交通事故发生数,人均地区生产总值,城市居民人均医疗保健消费支出,市区人均居住面积,城市居民人均交通通信消费支出,每百户城镇常住居民家庭年末彩色电视机拥有量,民用航空旅客发送量,城市居民人均可支配收入,每百户城镇常住居民家庭年末家用电脑拥有量,空气质量达到及好于二级的天数,城市居民家庭人均消费性支出,旅行社数量,地区生产总值,城市人均公园绿地面积,社会消费品零售总额,城市居民人均家庭设备用品及服务消费支出。从中可以看出,南昌在城市休闲化进程中发展良好的指标集中在国内旅游接待规模、消费规模、交通客运规模等,说明南昌的休闲消费市场规模相对较强。

低于均值水平的指标有 25 个,占指标总数的 58.14%。具体有公共图书馆数量,公园个数,博物馆数量,文化馆数量,星级饭店数量,限额以上批发、零售、住宿和餐饮业企业个数,国家 4A 级及以上景区数量,城市居民人均教育文化娱乐服务消费支出,第三产业就业人数占全部就业人数比重,城市绿地面积,公共汽车、电车客运量,城市(建成区)绿化覆盖率,城镇居民家庭恩格尔系数,城市化率,轨道交通客运量,第三产业占地

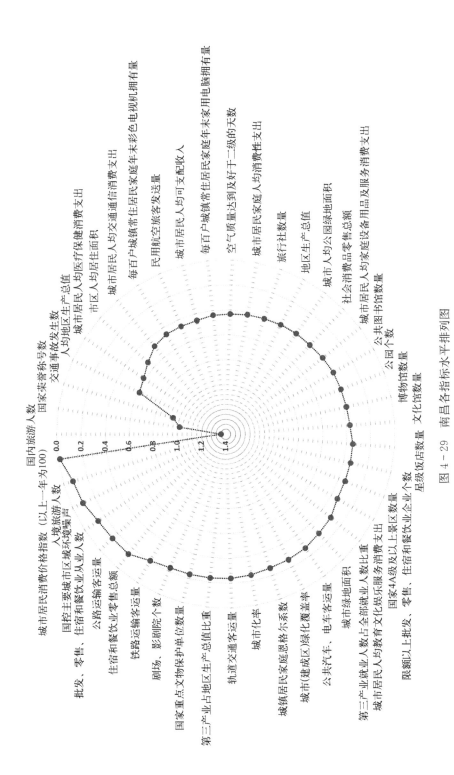

图 4-29　南昌各指标水平排列图

区生产总值比重、国家重点文物保护单位数量、剧场、影剧院个数、铁路运输客运量、住宿和餐饮业零售总额、公路运输客运量、批发、零售、住宿和餐饮业从业人数、国控主要城市区域环境噪声、入境旅游人数、城市居民消费价格指数(以上一年为100)。从中可以看出,南昌在城市休闲化进程中发展较弱的指标集中在文化休闲设施、旅游设施规模、第三产业发展、城市绿化环境、交通客运规模等,说明南昌的休闲供给仍处于较低的发展状态。

从横向指标来看,南昌43个指标有10个指标在36个城市排名中高于中位数,有33个指标在36个城市排名中低于中位数。在36个城市中排名前十的指标有4个,具体有城市(建成区)绿化覆盖率,交通事故发生数,每百户城镇常住居民家庭年末彩色电视机拥有量,国内旅游人数。其中,城市(建成区)绿化覆盖率在36个城市中位列第一。而文化馆数量(第27名)、国家重点文物保护单位数量(第27名)、每百户城镇常住居民家庭年末家用电脑拥有量(第27名)、公共图书馆数量(第28名)、城市绿地面积(第28名)、星级饭店数量(第29名)、住宿和餐饮业零售总额(第30名)、公共汽车、电车客运量(第30名)、城镇居民家庭恩格尔系数(第30名)、城市居民人均家庭设备用品及服务消费支出(第30名)、城市居民消费价格指数(以上一年为100)(第31名)、第三产业就业人数占全部就业人数比重(第32名)、城市居民消费价格指数(以上一年为100)(第34名)、第三产业占地区生产总值比重(第36名)等14个指标,在36个城市中排名处于后十位。从中可以看出,南昌的文化设施规模、交通客运规模、第三产业发展的水平较低,说明南昌城市对外吸引力还有待提升。

十二、兰州

兰州是我国西北地区重要的工业基地和综合交通枢纽、丝绸之路经济带的重要节点城市,也是黄河文化、丝路文化、中原文化和西域文化的重要交汇地。从数据结果上看,兰州各个指标水平值区间在 0～2.5,均值为 0.351 1,高于均值水平的指标有 20 个,占指标总数的 46.51%。具体有交通事故发生数,公共汽车、电车客运量,剧场、影剧院个数,每百户城镇常住居民家庭年末家用电脑拥有量,民用航空旅客发送量,博物馆数量,城市居民人均家庭设备用品及服务消费支出,城市人均公园绿地面积,人均地区生产总值,国内旅游人数,城市居民人均医疗保健消费支出,城市居民人均教育文化娱乐服务消费支出,空气质量达到及好于二级的天数,旅行社数量,城市居民家庭人均消费性支出,城市居民人均可支配收入,市区人均居住面积,每百户城镇常住居民家庭年末彩色电视机拥有量,城市居民人均交通通信消费支出,第三产业就业人数占全部就业人数比重。从中可以看出,兰州在城市休闲化进程中发展良好的指标集中在交通客运规模、人均休闲消费支出、休闲设施规模等,这说明兰州本地居民的休闲需求较旺盛,休闲设施较为完善。

低于均值水平的指标有 23 个,占指标总数的 53.49%。具体有文化馆数量,第三产业占地区生产总值比重,公共图书馆数量,星级饭店数量,城镇居民家庭恩格尔系数,社会消费品零售总额,城市化率,限额以上批发、零售、住宿和餐饮业企业个数,公路运输客运量,国家重点文物保护单位数量,地区生产总值,国家荣誉称号数,城市(建成区)绿化覆盖率,城市绿地面积,铁路运输客运量,住宿和餐饮业零售总额,国家 4A 级及以上景区数量,公园个数,轨道交通客运量,国控主要城市区域环境噪声,批发、零售、住宿和餐饮业从业人数,入境旅游人数,城市居民消费价格指数(以上一年为 100)。从中可以看出,兰州在城市休闲化进程中发展较弱的指标集中在文化设施规模、旅游接待规模、城市绿化环境等,说明兰州的休闲娱乐产业供给结构和规模方面都存在一定短板。

从横向指标来看,兰州 43 个指标有 10 个指标在 36 个城市排名中高

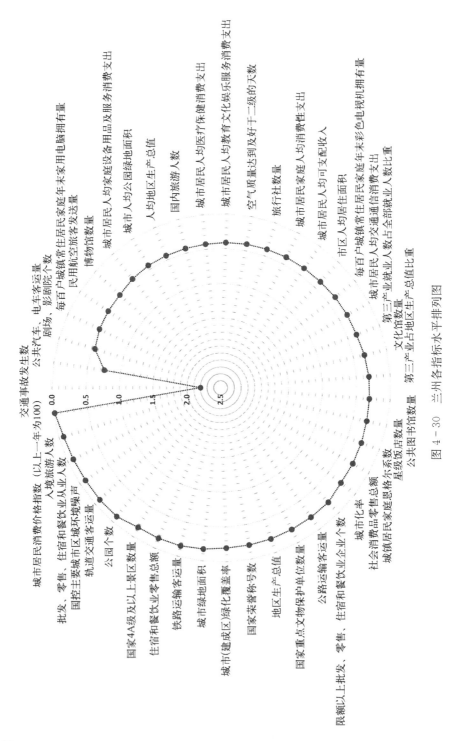

图4-30 兰州各指标水平排列图

于中位数,有 33 个指标在 36 个城市排名中低于中位数。在 36 个城市中排名前十的指标只有交通事故发生数一个。而铁路运输客运量(第 27名)、入境旅游人数(第 27 名)、国家重点文物保护单位数量(第 28 名)、城市居民人均可支配收入(第 28 名)、住宿和餐饮业零售总额(第 29 名)、限额以上批发、零售、住宿和餐饮业企业个数(第 29 名)、市区人均居住面积(第 29 名)、城市居民家庭人均消费性支出(第 29 名)、城市居民人均医疗保健消费支出(第 30 名)、每百户城镇常住居民家庭年末彩色电视机拥有量(第 30 名)、地区生产总值(第 31 名)、人均地区生产总值(第 31 名)、社会消费品零售总额(第 31 名)、批发、零售、住宿和餐饮业从业人数(第 31名)、文化馆数量(第 31 名)、公共图书馆数量(第 31 名)、城市(建成区)绿化覆盖率(第 31 名)、城市绿地面积(第 32 名)、城市居民人均交通通信消费支出(第 32 名)、星级饭店数量(第 33 名)、公园个数(第 33 名)、国家 4A级及以上景区数量(第 35 名)、国家荣誉称号数(第 36 名)等 23 个指标,在36 个城市中排名处于后十位。从中可以看出,兰州的休闲化水平还较低,休闲娱乐基础设施发展水平处在中等偏下水平,说明兰州的休闲产业供给相对不足,同时城市的对外吸引力较弱。

第五节　Ⅱ型大城市休闲化指标分析

城区常住人口规模在 100 万以上 300 万以下的城市为Ⅱ型大城市,符合这一标准的城市有贵阳、呼和浩特、海口、银川、西宁 5 个城市。从城市区域分布看,东部城市有海口 1 个城市,西部城市有贵阳、呼和浩特、银川、西宁 4 个城市。从城市行政级别看,5 个城市中除呼和浩特是内蒙古自治区首府外,其余皆为省会城市。

一、贵阳

贵阳地处黔中山原丘陵中部,是我国区域创新中心和生态休闲度假旅游城市,矿产资源和旅游资源丰富。从数据结果上看,贵阳各个指标水平值区间在 0~7,均值为 0.545 9,高于均值水平的指标有 6 个,占指标总数的 13.95%。具体有公路运输客运量、交通事故发生数、国内旅游人数、国家荣誉称号数、民用航空旅客发送量、城市人均公园绿地面积。从中可以看出,贵阳在城市休闲化进程中发展较好的指标集中于对外交通规模、国内旅游接待规模、城市生态环境等,这说明贵阳在发展过程中注重交通与生态建设。

低于均值水平的指标有 37 个,占指标总数的 86.05%。具体有公共图书馆数量、公共汽车、电车客运量、城市居民人均交通通信消费支出、文化馆数量、人均地区生产总值、国家 4A 级及以上景区数量、空气质量达到及好于二级的天数、城市居民人均医疗保健消费支出、城市居民人均家庭设备用品及服务消费支出、每百户城镇常住居民家庭年末家用电脑拥有量、城市居民人均教育文化娱乐服务消费支出、市区人均居住面积、城市绿地面积、城市居民家庭人均消费性支出、城市居民人均可支配收入、每百户城镇常住居民家庭年末彩色电视机拥有量、社会消费品零售总额、第三产业就业人数占全部就业人数比重、旅行社数量、地区生产总值、星级饭店数量、第三产业占地区生产总值比重、城镇居民家庭恩格尔系数、城市化率、限额以上批发、零售、住宿和餐饮业企业个数、城市(建成区)绿化覆盖率、铁路运输客运量、住宿和餐饮业零售总额、博物馆数量、国家重点文物保护单位数量、批发、零售、住宿和餐饮业从业人数、国控主要城市区域环境噪声、轨道交通客运量、剧场、影剧院个数、公园个数、入境旅游人数、城市居民消费价格指数(以上一年为 100)。从中可以看出,贵阳在城

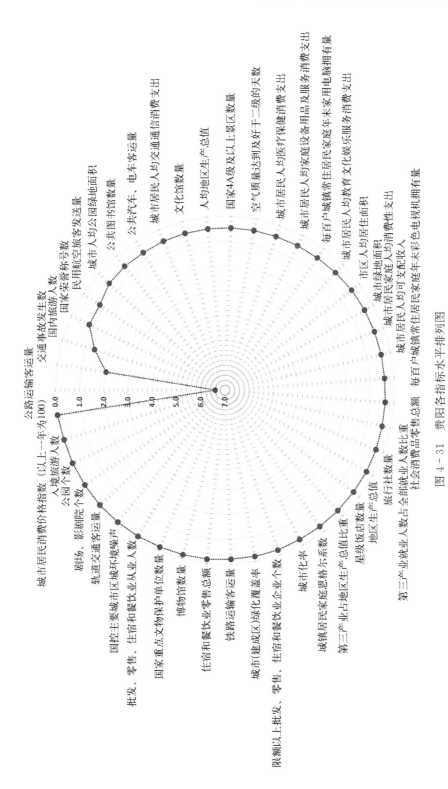

图 4-31 贵阳各指标水平排列图

市休闲化进程中发展较弱的指标集中于人均休闲消费支出、市内交通客运规模、第三产业发展、文化娱乐设施规模等,这说明贵阳城市产业结构单一,同时城市人口规模较小,这也导致了城市休闲娱乐产业规模和需求水平都比较低。

从横向指标来看,贵阳43个指标有7个指标在36个城市排名中高于中位数,有36个指标在36个城市排名中低于中位数。在36个城市中排名前十的指标有4个,具体有公路运输客运量、空气质量达到及好于二级的天数、交通事故发生数、国内旅游人数。其中,公路运输客运量在36个城市中位列第一。而住宿和餐饮业零售总额(第27名)、批发、零售、住宿和餐饮业从业人数(第27名)、地区生产总值(第28名)、轨道交通客运量(第28名)、城市居民家庭人均消费性支出(第28名)、城市居民人均医疗保健消费支出(第28名)、人均地区生产总值(第29名)、旅行社数量(第29名)、入境旅游人数(第29名)、城市居民消费价格指数(以上一年为100)(第29名)、限额以上批发、零售、住宿和餐饮业企业个数(第30名)、公路运输客运量(第30名)、剧场、影剧院个数(第31名)、国家重点文物保护单位数量(第31名)、星级饭店数量(第32名)、公园个数(第36名)等16个指标,在36个城市中排名处于后十位。从中可以看出,贵阳在经济发展水平、文化娱乐休闲设施规模、住宿餐饮业规模等方面需要提升。

二、呼和浩特

呼和浩特是国家历史文化名城,是华夏文明的发祥地之一,有着悠久的历史和光辉灿烂的文化。从数据结果上看,呼和浩特各个指标水平值区间在0~1,均值为0.307 1,高于均值水平的指标有24个,占指标总数的55.81%。具体是城市人均公园绿地面积、城市居民人均医疗保健消费支出、交通事故发生数、人均地区生产总值、剧场、影剧院个数、市区人均居住面积、城市居民人均可支配收入、城市居民人均交通通信消费支出、星级饭店数量、城市居民人均家庭设备用品及服务消费支出、城市居民家庭人均消费性支出、公共图书馆数量、城市居民人均教育文化娱乐服务消费支出、文化馆数量、国家荣誉称号数、每百户城镇常住居民家庭年末家用电脑拥有量、旅行社数量、第三产业就业人数占全部就业人数比重、国家4A 级及以上景区数量、空气质量达到及好于二级的天数、每百户城镇常住居民家庭年末彩色电视机拥有量、城市绿地面积、城镇居民家庭恩格尔系数、第三产业占地区生产总值比重。从中可以看出，呼和浩特在城市休闲化进程中发展较好的指标主要集中在人均休闲消费水平、空气质量、文化设施规模等，这与呼和浩特的人口规模、文化底蕴等有密切关系。

低于均值水平的指标有 19 个，占指标总数的 44.19%。具体有城市化率、公共汽车、电车客运量、民用航空旅客发送量、地区生产总值、城市（建成区）绿化覆盖率、国家重点文物保护单位数量、公园个数、社会消费品零售总额、国内旅游人数、博物馆数量、限额以上批发、零售、住宿和餐饮业企业个数、国控主要城市区域环境噪声、入境旅游人数、铁路运输客运量、住宿和餐饮业零售总额、批发、零售、住宿和餐饮业从业人数、轨道交通客运量、城市居民消费价格指数（以上一年为 100）、公路运输客运量。从中可以看出，呼和浩特在城市休闲化进程中发展较弱的指标主要集中在交通客运规模、旅游接待规模、住宿和餐饮业规模、城市生态环境等，说明呼和浩特的商业零售业态供给、交通便捷性、休闲游憩活动的选择性方面还相对较弱，一定程度上影响了城市的吸引力。

从横向指标来看，呼和浩特 43 个指标有 10 个指标在 36 个城市排名中高于中位数，有 33 个指标在 36 个城市排名中低于中位数，排名后三位所占比例高达 11.63%。在 36 个城市中排名前十的指标有 4 个，具体有城市人均公园绿地面积、国控主要城市区域环境噪声、第三产业占地区生

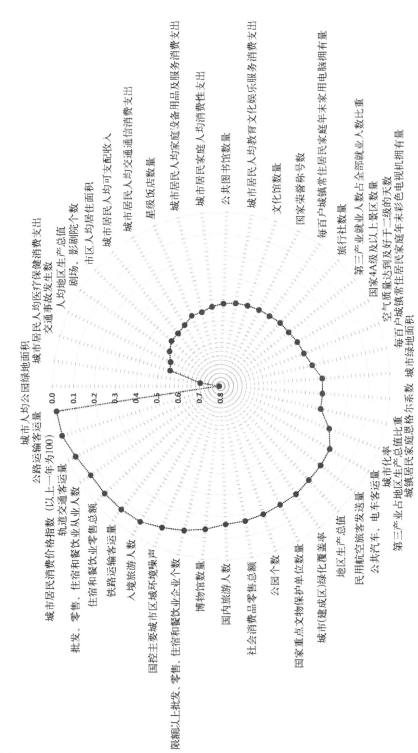

图4-32 呼和浩特各指标水平排列图

产总值比重,城市居民人均医疗保健消费支出。在 36 个城市中排名处于后十位的有地区生产总值,社会消费品零售总额,批发、零售、住宿和餐饮业从业人数,限额以上批发、零售、住宿和餐饮业企业个数,轨道交通客运量,铁路运输客运量,博物馆数量,国家重点文物保护单位数量,旅行社数量,入境旅游人数,公园个数,城市(建成区)绿化覆盖率,国家荣誉称号数,每百户城镇常住居民家庭年末彩色电视机拥有量,每百户城镇常住居民家庭年末家用电脑拥有量,公共汽车、电车客运量(第 34 名),民用航空旅客发送量(第 34 名),国内旅游人数(第 34 名),住宿和餐饮业零售总额(第 35 名),公路运输客运量(第 36 名)等 20 个指标。从中可以看出,呼和浩特整体休闲化发展水平较低,尤其是文化设施规模、交通客运规模、住宿餐饮业规模等竞争力较弱,主要与城市经济发展水平、人口规模等有密切关系。

三、海口

海口地处热带,是一座富有海滨自然旖旎风光的南方滨海城市,被世界卫生组织选定为中国第一个"世界健康城市"试点地,拥有"中国最具幸福感城市、中国优秀旅游城市、国家历史文化名城"等荣誉称号。从数据结果上看,海口各指标水平值区间在 0~1.5,均值为 0.309 4,高于均值水平的指标有 19 个,占指标总数的 44.19%。具体有国家荣誉称号数星级饭店数量,民用航空旅客发送量,批发、零售、住宿和餐饮业从业人数,城市人均公园绿地面积,城市居民人均医疗保健消费支出,旅行社数量,空气质量达到及好于二级的天数,交通事故发生数,第三产业就业人数占全部就业人数比重,人均地区生产总值,市区人均居住面积,城市居民人均可支配收入,第三产业占地区生产总值比重,城市居民家庭人均消费性支出,每百户城镇常住居民家庭年末彩色电视机拥有量,城市居民人均教育文化娱乐服务消费支出,城市居民人均交通通信消费支出,城市居民人均家庭设备用品及服务消费支出。从中可以看出,海口在城市休闲化进程中发展良好的指标集中在航空客运规模、人均休闲消费支出、第三产业发展、家庭娱乐设备拥有量等,说明海口本地居民休闲需求较旺盛,城市生活环境相对舒适。

低于均值水平的指标有 24 个,占指标总数的 55.81%。具体有城市化率,城镇居民家庭恩格尔系数,城市(建成区)绿化覆盖率,公共图书馆数量,文化馆数量,铁路运输客运量,公共汽车、电车客运量,城市绿地面积,社会消费品零售总额,住宿和餐饮业零售总额,地区生产总值,国内旅游人数,国家重点文物保护单位数量,剧场、影剧院个数,限额以上批发、零售、住宿和餐饮业企业个数,每百户城镇常住居民家庭年末家用电脑拥有量,国家 4A 级及以上景区数量,公路运输客运量,入境旅游人数,国控主要城市区域环境噪声,博物馆数量,公园个数,城市居民消费价格指数(以上一年为 100),轨道交通客运量。从中可以看出,海口在城市休闲化进程中发展较弱的指标主要集中在文化设施规模、住宿餐饮业规模、旅游接待设施与规模等,说明海口在同为海岛资源丰富的三亚影响下,旅游业发展较弱,同时缺乏多样性的休闲产业供给体系,制约了城市的吸引力和竞争力。

从横向指标来看,海口 43 个指标有 12 个指标在 36 个城市排名中高于中位数,有 31 个指标在 36 个城市排名中低于中位数,排名后三位所占比例高达 32.56%。在 36 个城市中排名前十的指标有 8 个,具体有第三产业占地区生产总值比重,城市居民消费价格指数(以上一年为 100),国家荣誉称号数,星级饭店数量,空气质量达到及好于二级的天数,第三产业就业人数占全部就业人数比重,批发、零售、住宿和餐饮业从业人数,民用航空旅客发送量。在 36 个城市中排名处于后十位的有人均地区生产

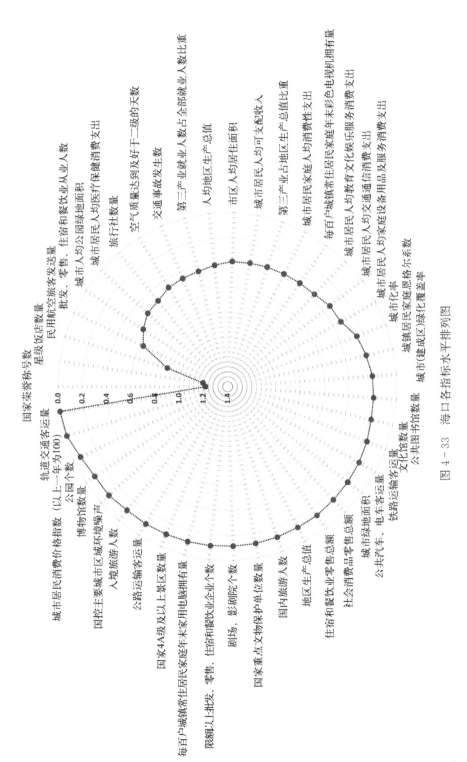

图4-33　海口各指标水平排列图

总值、住宿和餐饮业零售总额、限额以上批发、零售、住宿和餐饮业企业个数、公路运输客运量、博物馆数量、剧场、影剧院个数、市区人均居住面积、城市绿地面积、城市居民人均可支配收入、城市居民家庭人均消费性支出、城市居民人均教育文化娱乐服务消费支出、每百户城镇常住居民家庭年末彩色电视机拥有量、地区生产总值（第34名）、社会消费品零售总额（第34名）、国控主要城市区域环境噪声（第34名）、公共汽车、电车客运量（第35名）、文化馆数量（第35名）、公共图书馆数量（第35名）、国家重点文物保护单位数量（第35名）、公园个数（第35名）、城市居民人均家庭设备用品及服务消费支出（第35名）、城市居民人均交通通信消费支出（第35名）、轨道交通客运量（第36名）、国家4A级及以上景区数量（第36名）、国内旅游人数（第36名）、城镇居民家庭恩格尔系数（第36名）、每百户城镇常住居民家庭年末家用电脑拥有量等27个指标。从中可以看出，海口的航空客运与第三产业发展较好，具备发展旅游业的条件，但是人均休闲消费支出、住宿餐饮业规模、旅游接待规模等竞争力较弱，说明海口用于本地居民的休闲供给相对不足，一定程度上影响了本地休闲消费需求的发展和对外游客接待能力。

四、银川

银川地处中国西北地区、宁夏平原中部，是古丝绸之路商贸重镇、沿黄城市群核心城市，中蒙俄、新亚欧大陆桥经济走廊核心城市，也是国家向西开放的窗口。从数据结果上看，银川各个指标水平值区间在0～1.5，均值为0.275 8，高于均值水平的指标有20个，占指标总数的46.51%。具体有国家荣誉称号数、城市居民人均医疗保健消费支出、市区人均居住面积、城市人均公园绿地面积、每百户城镇常住居民家庭年末家用电脑拥有量、城市居民人均交通通信消费支出、城市居民人均家庭设备用品及服务消费支出,人均地区生产总值,城市居民人均教育文化娱乐服务消费支出,城市居民家庭人均消费性支出,空气质量达到及好于二级的天数,城市居民人均可支配收入,第三产业就业人数占全部就业人数比重,公共汽车、电车客运量,每百户城镇常住居民家庭年末彩色电视机拥有量,城镇居民家庭恩格尔系数,公共图书馆数量,国家4A级及以上景区数量,文化馆数量,星级饭店数量。从中可以看出,银川在城市休闲化进程中发展良好的指标主要集中在人均休闲消费支出、城市空气质量、文化设施规模等,说明银川比较注重生态环境建设,本地居民的休闲消费需求旺盛。

低于均值水平的指标有23个,占指标总数的53.49%。具体国家重点文物保护单位数量,第三产业占地区生产总值比重,城市化率,交通事故发生数,城市(建成区)绿化覆盖率,旅行社数量,剧场、影剧院个数,民用航空旅客发送量,国内旅游人数,地区生产总值,社会消费品零售总额,国控主要城市区域环境噪声,限额以上批发、零售、住宿和餐饮业企业个数,公园个数,批发、零售、住宿和餐饮业从业人数,住宿和餐饮业零售总额,铁路运输客运量,公路运输客运量,入境旅游人数,博物馆数量,城市绿地面积,城市居民消费价格指数(以上一年为100),轨道交通客运量。从中可以看出,银川在城市休闲化进程中发展较弱的指标有旅游设施与接待规模、交通客运规模、城市绿化环境等,反映了银川在休闲产业发展方面的综合能力方面还存在短板,一定程度上制约了银川的对外吸引力。

从横向指标来看,银川43个指标有11个指标在36个城市排名中高于中位数,有32个指标在36个城市排名中低于中位数,排名后三位所占比例高达32.56%。在36个城市中排名前十的指标有5个,具体有国控主要城市区域环境噪声,市区人均居住面积,国家荣誉称号数,城市居民消费价格指数(以上一年为100)。其中,国控主要城市区域环境噪声排名位列第三。在36个城市中排名处于后十位的有地区生产总值,人均地区

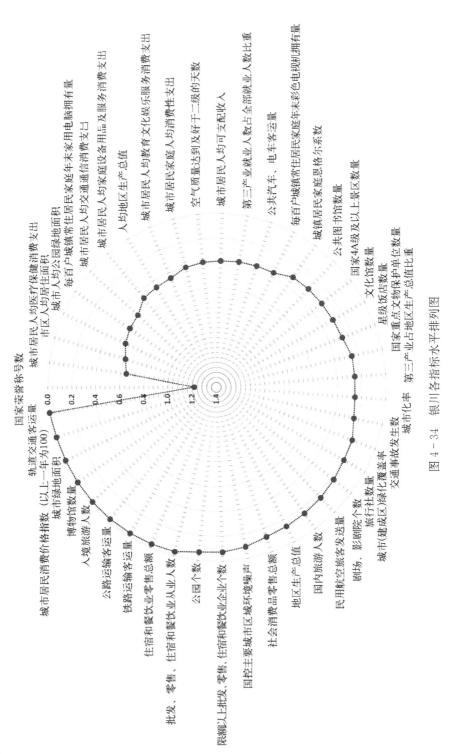

图 4－34　银川各指标水平排列图

生产总值,第三产业占地区生产总值比重,公共汽车、电车客运量,文化馆数量,公共图书馆数量,国家 4A 级及以上景区数量,入境旅游人数,城市居民人均可支配收入,每百户城镇常住居民家庭年末彩色电视机拥有量,批发、零售、住宿和餐饮业从业人数(第 34 名),公路运输客运量(第 34 名),旅行社数量(第 34 名),星级饭店数量(第 34 名),公园个数(第 34 名),社会消费品零售总额(第 35 名),限额以上批发、零售、住宿和餐饮业企业个数(第 35 名),铁路运输客运量(第 35 名),国内旅游人数(第 35 名),住宿和餐饮业零售总额(第 36 名),轨道交通客运量(第 36 名),国内旅游人数(第 36 名),民用航空旅客发送量(第 36 名),博物馆数量(第 36 名),城市绿地面积(第 36 名)等 24 个指标。从中可以看出,银川的生态环境质量较高,说明银川注重生态建设,但是整体休闲产业发展处于较低水平,尤其是文化设施规模、交通设施规模、住宿餐饮业规模等,反映出城市吸引力不足。

五、西宁

西宁是青藏高原的东方门户,古丝绸之路南路和"唐蕃古道"的必经之地,自古就是西北交通要道和军事重地历史文化源远流长,有着得天独厚的自然资源,绚丽多彩的民俗风情,是青藏高原一颗璀璨的明珠。从数据结果上看,西宁各个指标水平值区间在 0~1,均值为 0.297 7,高于均值水平的指标有 21 个,占指标总数的 48.84%。具体有城市人均公园绿地面积,交通事故发生数,星级饭店数量旅行社数量,市区人均居住面积,城市居民人均医疗保健消费支出,住宿和餐饮业零售总额,空气质量达到及好于二级的天数,公共汽车、电车客运量,城市居民人均交通通信消费支出,城市居民人均教育文化娱乐服务消费支出,国家荣誉称号数,第三产业就业人数占全部就业人数比重,城市居民家庭人均消费性支出,城市居民人均家庭设备用品及服务消费支出,城市居民人均可支配收入,人均地区生产总值,每百户城镇常住居民家庭年末彩色电视机拥有量,每百户城镇常住居民家庭年末家用电脑拥有量,第三产业占地区生产总值比重,文化馆数量。从中可以看出,西宁在城市休闲化进程中发展良好的指标主要集中在旅游设施规模、城市生态质量、人均休闲消费支出、家庭休闲设备拥有量等,说明西宁的旅游基础设施发展相对较好,居民的休闲消费需求相对旺盛。

低于均值水平的指标有 22 个,占指标总数的 51.16%。具体有城镇居民家庭恩格尔系数,民用航空旅客发送量,公共图书馆数量,城市化率,国家 4A 级及以上景区数量,国内旅游人数,博物馆数量,城市(建成区)绿化覆盖率,国家重点文物保护单位数量,公园个数,公路运输客运量,地区生产总值,国控主要城市区域环境噪声,社会消费品零售总额,城市绿地面积,限额以上批发、零售、住宿和餐饮业企业个数,铁路运输客运量,批发、零售、住宿和餐饮业从业人数,剧场、影剧院个数,城市居民消费价格指数(以上一年为 100),入境旅游人数,轨道交通客运量。从中可以看出,西宁在城市休闲化进程中发展较弱的指标主要集中在文化设施规模、交通客运规模、住宿餐饮业规模等方面,说明西宁的休闲相关产业供给能力以及旅游吸引力不足。

从横向指标来看,西宁 43 个指标有 11 个指标在 36 个城市排名中高于中位数,有 32 个指标在 36 个城市排名中低于中位数,排名后三位所占比例高达 34.88%。在 36 个城市中排名前十的指标有 4 个,具体有国控主要城市区域环境噪声,城市人均公园绿地面积,交通事故发生数,空气质量达到及好于二级的天数。其中,国控主要城市区域环境噪声排名位列第二。在 36 个城市中排名处于后十位的有国控主要城市区域环境噪声、批发、零售、住宿和餐饮业从业人数,民用航空旅客发送量,文化馆数

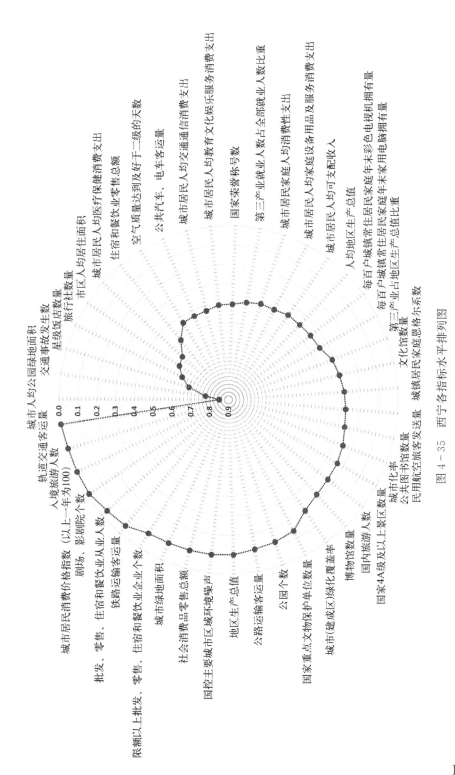

图 4 - 35　西宁各指标水平排列图

量、博物馆数量、国家重点文物保护单位数量、国家 4A 级及以上景区数量、公园个数、国内旅游人数、城市(建成区)绿化覆盖率、城市居民人均家庭设备用品及服务消费支出、城市居民人均交通通信消费支出、城市居民人均教育文化娱乐服务消费支出、每百户城镇常住居民家庭年末家用电脑拥有量、限额以上批发、零售、住宿和餐饮业企业个数(第 34 名)、铁路运输客运量(第 34 名)、公共图书馆数量(第 34 名)、城市绿地面积(第 34 名)、国家荣誉称号数(第 34 名)、城市居民家庭人均消费性支出(第 34 名)、每百户城镇常住居民家庭年末彩色电视机拥有量(第 34 名)、地区生产总值(第 35 名)、人均地区生产总值(第 35 名)、入境旅游人数社会(第 35 名)、城市居民消费价格指数(以上一年为 100)(第 35 名)、消费品零售总额(第 36 名)、轨道交通客运量(第 36 名)、剧场、影剧院个数(第 36 名)、城市居民人均可支配收入(第 36 名)等 28 个指标。从中可以看出,西宁整体休闲化水平较低,主要与城市人口规模、地理位置、经济发展等因素密切相关。

第六节　中等城市休闲化指标分析

按照我国城市类型的划分标准,城区常住人口 50 万以上 100 万以下的城市为中等城市。在列入监测的 36 个城市中,只有拉萨的人口属于这一等级,为 58.66 万,属于中等城市范畴。

一、拉萨

拉萨是首批国家历史文化名城,以风光秀丽、历史悠久、风俗民情独特、宗教色彩浓厚而闻名于世。从数据结果上看,拉萨各个指标水平值区间在 0～3,均值为 0.348 7,高于均值水平的指标有 17 个,占指标总数的

39.53%。具体有交通事故发生数、星级饭店数量、国家荣誉称号数、城市人均公园绿地面积、社会消费品零售总额、市区人均居住面积、人均地区生产总值、城市居民人均家庭设备用品及服务消费支出、第三产业就业人数占全部就业人数比重、每百户城镇常住居民家庭年末彩色电视机拥有量、城市居民人均交通通信消费支出、空气质量达到及好于二级的天数、城市居民家庭人均消费性支出、城市居民人均可支配收入、国家重点文物保护单位数量、旅行社数量、公园个数。从中可以看出，拉萨在城市休闲化进程中发展良好的指标有人均休闲消费支出、城市环境质量等，主要与拉萨的人口规模、地理环境相关。

低于均值水平的指标有 26 个，占指标总数的 60.47%。具体有城市居民人均医疗保健消费支出、每百户城镇常住居民家庭年末家用电脑拥有量、第三产业占地区生产总值比重、城镇居民家庭恩格尔系数、城市化率、城市居民人均教育文化娱乐服务消费支出、城市（建成区）绿化覆盖率、文化馆数量、民用航空旅客发送量、国内旅游人数、国家 4A 级及以上景区数量、博物馆数量、公路运输客运量、国控主要城市区域环境噪声、公共汽车、电车客运量、公共图书馆数量、城市绿地面积、住宿和餐饮业零售总额、剧场、影剧院个数、地区生产总值、批发、零售、住宿和餐饮业从业人数、限额以上批发、零售、住宿和餐饮业企业个数、城市居民消费价格指数（以上一年为 100）、铁路运输客运量、入境旅游人数、轨道交通客运量。从中可以看出，拉萨在城市休闲化进程中表现较弱的指标主要集中在住宿餐饮业规模、文化娱乐设施规模、旅游接待规模、交通客运规模等方面。这些都是制约拉萨城市休闲产业规模化发展的重要因素。

从横向指标来看，拉萨 43 个指标有 11 个指标在 36 个城市排名中高于中位数，有 32 个指标在 36 个城市排名中低于中位数，排名后三位所占比例高达 39.53%。在 36 个城市中排名前十的指标有 5 个，具体有第三

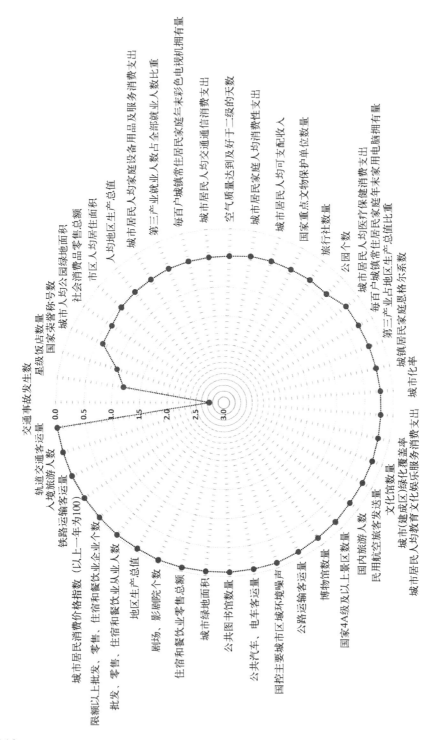

图4-36　拉萨各指标水平排列图

产业就业人数占全部就业人数比重,交通事故发生数,空气质量达到及好于二级的天数,每百户城镇常住居民家庭年末彩色电视机拥有量,星级饭店数量。其中,第三产业就业人数占全部就业人数比重,交通事故发生数,空气质量达到及好于二级的天数 3 个指标排名都位列第二。从中可以看出拉萨第三产业发达,空气质量好,这些特点主要与其独特的地理位置与自然资源有关。但是,公路运输客运量,博物馆数量,剧场、影剧院个数,国内旅游人数,国控主要城市区域环境噪声,第三产业占地区生产总值比重,城市化率,住宿和餐饮业零售总额(第 34 名),国家 4A 级及以上景区数量(第 34 名),每百户城镇常住居民家庭年末家用电脑拥有量(第 34 名),批发、零售、住宿和餐饮业从业人数(第 35 名),民用航空旅客发送量(第 35 名),城市绿地面积(第 35 名),城镇居民家庭恩格尔系数(第 35 名),地区生产总值(第 36 名),限额以上批发、零售、住宿和餐饮业企业个数(第 36 名),公共汽车、电车客运量(第 36 名),轨道交通客运量(第 36 名),铁路运输客运量(第 36 名),文化馆数量(第 36 名),公共图书馆数量(第 36 名),入境旅游人数(第 36 名),城市居民人均医疗保健消费支出(第 36 名),城市居民人均教育文化娱乐服务消费支出(第 36 名)等 24 个指标,在 36 个城市排名中均处于后十位。从中可以看出,拉萨由于地理环境影响,空气质量在 36 个城市中名列前茅,但是整体休闲化发展水平较弱。

参考文献:

[1] 刘松,王清德,楼嘉军.台湾居民休闲消费潜力综合测度及系统评估研究[J].世界地理研究,2023,32(01):141-149.

[2] 黎雅悦,戈大专,牛博,李杰.广州市休闲旅游资源空间分布及其可达性特征[J].热带地理,2022,42(10):1701-1712.

［3］马红涛,楼嘉军.乌鲁木齐市城市休闲化发展历程及影响因素研究[J].现代城市研究,2021(5):83-88.

［4］金云峰,袁轶男,梁引馨,崔钰晗.人民城市理念下休闲生活圈规划路径——基于城市社会学视角[I].园林,2021(5):7-12.

［5］李亚娟,罗雯婷,王靓,张祥,胡静.城市旅游休闲热点区演变特征及驱动机制研究——以武汉市为例[J].人文地理,2021,36(1):183-192.

［6］徐爱萍,刘震,楼嘉军.中国休闲城市质量评价及实证研究[J].世界地理研究,2020(4):856-866.

［7］李莉,侯国林,夏四友,黄震方.成都市休闲旅游资源空间分布特征及影响因素[J].自然资源学报,2020,35(3):683-697.

［8］刘松,楼嘉军.上海市城镇居民休闲消费潜力测度及评价[J].城市问题,2019(4):88-95.

［9］生延超,吴昕阳.城市休闲化水平区域差异动态研究[J].湖南工业大学学报(社会科学版),2018,23(3):18-26.

［10］徐秀玉,陈忠暖.广州市公共休闲服务水平演变过程及影响因素[J].地域研究与开发,2018,37(6):58-63.

［11］楼嘉军,李丽梅.成都城市休闲化演变过程及其影响因素[J].旅游科学,2017,31(1):12-27.

［12］刘松,楼嘉军,李丽梅,许鹏.上海、南京和杭州城市休闲化协调发展比较研究[J].现代城市研究,2017(11):123-129.

［13］刘松,楼嘉军.2003～2013年中国城市休闲化质量评估——耦合与协调双重视角的考察[J].软科学,2017,31(2):87-91.

［14］刘润,马红涛.中国城市休闲化区域差异分析[J].城市问题,2016(10):30-36.

［15］楼嘉军,刘松,李丽梅.中国城市休闲化的发展水平及其空间差异[J].城市问题,2016(11):29-35.

［16］李丽梅,楼嘉军.国外城市休闲化研究述评及启示[J].旅游学刊,2016,31(12):

126 - 134.

[17] 楼嘉军,李丽梅,刘润.基于要素贡献视角的城市休闲化水平驱动因子研究[J].旅游科学,2015,29(4):1 - 13.

[18] 楼嘉军,马红涛,刘润.中国城市居民休闲消费能力测度[J].城市问题,2015,34(3):86 - 93+104.

[19] Shakibaei, S., & Vorobjovas-Pinta, O. (2021). Access to urban leisure: Investigating mobility justice for transgender and gender diverse people on public transport. Leisure Sciences, aheadof-print, 1 - 19(https://doi.org/10.1080/01490400.2021.2023372)

[20] Kang Lei, Yang Zhaoping, Han Fang. The Impact of Urban Recreation Environment on Residents' Happiness—Based on a Case Study in China[J]. Sustainability, 2021, 13(10): 5549 - 5549.

[21] Dustin D, Lamke G, Murphy J, et al. Purveyors of one health: the ecological imperative driving the future of leisure services[J]. Leisure Sciences, 2020(9): 1 - 5.

[22] Demi van Weerdenburg, Simon Scheider, Benjamin Adams, Bas Spierings, Egbert van der Zee. Where to go and what to do: Extracting leisure activity potentials from Web data on urban space[J]. Computers, Environment and Urban Systems, 2019, 73: 143 - 156.

[23] Mouratidis K. Built environment and leisure satisfaction: the role of commute time, social interaction, and active travel[J]. Journal of Transport Geography, 2019, 80(10): 1 - 11.

[24] Zmyslony, P. and Wędrowicz, K. A. Cities in the experience economy: the rise and the future of urban leisure formats[J]. Journal of Tourism Futures, 2019, 5(1): 185 - 192.

[25] Bürkner H J, Totelecan S G. Assemblages of urban leisure culture in inner-city

Bucharest[J]. International Journal of Urban and Regional Research, 2018, 42 (5): 786 - 806.

[26] Zajchowski C A B, Rose J. Sensitive leisure: writing the lived experience of air pollution[J]. Leisure Sciences, 2018, 42(1): 1 - 14.

[27] Kuang C. Does Quality Matter In Local Consumption Amenities? An Empirical Investigation with Yelp[J]. Journal of Urban Economics, 2017, 100(2): 1 - 18.

[28] Kim D. & Jang S. Symbolic Consumption in Upscale Cafes: Examining Korean Gen Y Consumers' Materialism, Conformity, Conspicuous Tendencies, and Functional Qualities[J]. Journal of Hospitality & Tourism Research, 2017, 41 (2): 154 - 179.

[29] Pritchard A. & Kharouf H. Leisure Consumption in Cricket: Devising a Model to Contrast Forms and Time Preferences [J]. Leisure Studies, 2016, 35 (4): 438 - 453.

[30] Philippa H J. Changing family structures and childhood socialization: A study of leisure consumption [J]. Journal of Marketing Management, 2014, 30 (15): 1533 - 1553.

第三部分

专题研究

第五章　我国红色旅游资源的
时空格局及开发建议

第一节　绪　　论

一、引言

《2004—2010 年全国红色旅游发展规划纲要》提出：红色旅游主要以中国共产党领导人民在革命和战争时期建树丰功伟绩所形成的纪念地、标志物为载体，以其所承载的革命历史、革命事迹和革命精神为内涵，组织接待旅游者开展缅怀学习、参观游览的主题性旅游活动[1]。《2016—2020 年全国红色旅游发展规划纲要》进一步拓宽红色旅游的内容，将1840 年以来中国大地上发生的以爱国主义和革命传统精神为主题、有代表性的重大事件和重要人物的历史文化遗存纳入红色旅游发展范围[2]。可见，红色旅游概念已经包含一定的资源特征。因此，红色旅游资源可以理解为：自 1840 年以来的中国近现代历史时期，发生在中国大地上的，充分彰显伟大民族精神的重大事件、重大活动和重要人物事迹的历史文化遗存，特别是中国共产党领导全国人民在中国大地上发生的彰显爱国主义或社会主义精神的纪念地、纪念物。本章的红色旅游资源特指中国共产党成立以来，其领导全国人民在中国大地上发生的，彰显爱国主义和社会主义精神的重大事件和重要人物的历史文化遗存。

作为中国共产党一百年奋斗历程的见证和遗存，红色旅游资源可以使人们更加了解中国共产党的历史以及相关时期的历史事件、人物事迹。作为彰显爱国主义精神和承担革命教育使命的重要载体[3]和党史学习教育的生动读本[4]，对红色旅游资源进行研究可以丰富旅游地理空间研究，为制定红色旅游相关规划以及为产业发展布局战略提供理论和现实依据。文章本着红色旅游资源承载教育使命和弘扬民族精神的实质，将革命文物保护利用理念融入其中，深入挖掘红色旅游资源，在更大尺度上拓展红色旅游资源的时间和空间范围。并进一步综合运用空间分析技术和方法，对红色旅游资源的空间格局进行分析总结，并提出相关发展建议。以期从党史一百年的时间尺度和全国空间尺度上全面把握红色旅游资源，为开展爱国主义和革命传统系列教育活动，也为新时代红色旅游资源高质量发展提供理论和现实依据。

二、相关文献回顾

红色旅游资源承载着红色基因，能够激发旅游者动机，一直是旅游研究的重要内容。国外研究相对较少，Li 等人对我国利用红色资源开展红色旅游，传承红色文化和红色精神进行研究[5]，其余研究多集中在与其概念类似的黑色旅游资源与遗产旅游资源，如黑色旅游资源开发[6-7]、遗产资源保护[8-9]、遗产资源价值评估[10-11]等几方面。

在国内，伴随三期《全国红色旅游发展规划纲要》和《全国红色旅游经典景区名录》的陆续颁布，红色旅游游客人数不断攀升，针对红色旅游的研究也不断增多。国内学术界的研究较为丰富，主要集中在：红色旅游资源概念[12-13]、红色旅游资源的评价[14-16]、红色旅游资源的分类及特点[17-18]、红色旅游资源的开发[19-24]、红色旅游资源的空间结构，包括全国层面[25-26]和湖南[27-28]、安徽[29]、江西[30]、山西[31]、广西[32]等省（自治区、直辖市）域层面。

从文献研究整体来看，学者们从旅游学、地理学角度对红色旅游资源及其空间分布进行了有益探索，但现有研究多以国家公布的 300 处红色旅游经典景区为研究对象，由于红色旅游经典景区多反映新民主主义革命时期至改革开放各个历史时期的重要历史事件、重要人物和重要革命根据地[33]，所以现有研究内容中缺少形成于新时代中国特色社会主义时期的红色旅游载体，反映社会主义建设和改革开放时期的载体也相对偏少；研究区域也更多关注革命老区，对非革命老区关注极少[33]。

第二节　数据来源和研究方法

一、数据来源

红色旅游资源在不同时期有不同称谓[34]。按时间先后主要称谓为国家重点文物保护单位（5 058 个）、爱国主义教育示范基地（585 个）、红色旅游经典景区（300 处计 668 个点）。文章选取以上三类红色旅游资源（共计 6 311 个）作为本研究数据来源。根据本文对红色旅游资源的界定，对 6 311 个红色旅游资源进行分析，剔除了共产党成立之前的红色旅游资源，并对重合的红色旅游资源进行合并，最终获得 1 037 个红色旅游资源（见表 5 - 1）。

中国共产党百年历史划分为四个历史时期：新民主主义革命时期（1921 年 7 月—1949 年 10 月）、社会主义革命和建设初期（1949 年 10 月—1978 年 12 月）、改革开放和社会主义建设时期（1978 年 12 月—2012 年 11 月）和中国特色社会主义新时代（2012 年 11 月至今）[35]。文章按四

表5-1 红色旅游资源点各省(自治区、直辖市)和
不同历史时期分布情况

序号	行政区	新民主主义革命时期	社会主义革命和建设初期	改革开放和社会主义建设时期	中国特色社会主义新时代	总数量
1	安徽	34	3	2	0	39
2	北京	12	7	16	6	41
3	福建	45	1	2	1	49
4	甘肃	16	4	3	1	24
5	广东	17	0	1	2	20
6	广西	26	0	1	0	27
7	贵州	50	1	1	1	53
8	海南	14	0	0	2	16
9	河北	32	3	0	1	36
10	河南	35	4	1	1	41
11	黑龙江	20	7	1	2	30
12	湖北	68	1	3	0	72
13	湖南	57	0	2	3	62
14	吉林	19	2	2	0	23
15	江苏	30	3	2	2	37
16	江西	78	2	1	0	81
17	辽宁	18	6	1	2	27
18	内蒙古	19	2	1	0	22
19	宁夏	7	2	2	0	11

续　表

序号	行政区	新民主主义革命时期	社会主义革命和建设初期	改革开放和社会主义建设时期	中国特色社会主义新时代	总数量
20	青　海	2	2	2	1	7
21	山　东	36	0	2	2	40
22	山　西	29	1	0	0	30
23	陕　西	51	0	2	0	53
24	上　海	9	1	4	3	17
25	四　川	54	1	1	0	56
26	天　津	8	1	4	1	14
27	西　藏	0	6	3	2	11
28	新　疆	4	17	3	0	24
29	云　南	24	1	1	0	26
30	浙　江	23	2	2	2	29
31	重　庆	17	2	0	0	19
合计	—	854	82	66	35	1 037

个历史时期对 1 037 个红色旅游资源进行统计:新民主主义革命时期的资源共 854 个,占总数 82.35%;社会主义革命和建设初期的资源共 82 个,占总数 7.91%;改革开放和社会主义建设时期资源共 66 个,占总数 6.36%;中国特色社会主义新时代的资源共 35 个,占总数 3.38%。

二、研究方法

(一)基尼系数

基尼系数(G)在地理学中通常用于分析空间要素分布情况。基尼系数值一般在 0-1 之间。基尼系数值越大,表明区域范围内要素空间分布越不均衡,集中程度越高[36]。基尼系数的计算公式如下。

$$G - \frac{\sum P_i \ln P_i}{\ln N} \qquad (5-1)$$

其中 G 为基尼系数, P_i 为各行政区内要素数量占全国要素总数的比重, N 为行政区个数。

（二）最近邻指数方法

最近邻指数法(R)用来分析一定范围内大量的点要素空间分布类型。点要素空间分布通常有集聚、随机、离散和均匀四种类型[37]。当 $R \leqslant 0.5$ 是集聚分布;$0.5 < R < 0.8$ 为集聚—随机分布;$0.8 < R < 1.2$ 是随机分布;$1.2 \leqslant R < 1.5$ 是随机—离散分布,$R \geqslant 1.5$ 为均匀分布[同37],公式如下。

$$R = \frac{\bar{D}_O}{\bar{D}_E} \qquad (5-2)$$

$$\bar{D}_E = \frac{0.5}{\sqrt{n/A}} \qquad (5-3)$$

其中,R 为最近邻指数,$\bar{D}_O$ 为实际最邻近距离,$\bar{D}_E$ 为理论最邻近距离,A 为区域总面积,n 为点的数量。

（三）核密度估计

核密度估计方法(KDE)通过研究区域范围内要素的分布密度和变化值来测度要素的空间特征是分散分布还是集聚分布[38]。该方法以空间范围内任意一点为中心,设定不同带宽,观察该带宽范围内要素的密度来分析要素的空间分布特征。核密度值越高要素分布越密集。核密度估计公式如下。

$$\hat{f_h}(x) = \frac{1}{nh} \sum_{i=1}^{n} K\left(\frac{x - X_i}{h}\right) \qquad (5-4)$$

其中，$\hat{f}(x)$ 为核密度估计值，$K\left(\dfrac{x - X_i}{h}\right)$ 为核函数，$h(h>0)$ 为带宽，n 为带宽区域内的点数，$x - X_i$ 表示估值点 x 到待估值点 X_i 处的距离。核密度估计的好坏依赖于核函数和带宽，一般而言，带宽对核密度估计好坏的影响要大于核函数。

第三节 结果分析

一、红色旅游资源空间分布的均衡性

基尼系数（G）主要用来判断红色旅游资源在各省（自治区、直辖市）的分布均匀程度。根据公式（5-1）对各省市红色旅游资源进行基尼系数分析。自 1921 年至今，基尼系数逐渐减小（1921—1949 年为 0.385 96，1921—1978 年为 0.331 82，1921—2012 年为 0.305 58，1921—2021 年为 0.294 71），表明全国红色旅游资源分布不断趋于均衡。但不同历史时期红色旅游资源均衡程度出现较大差异，其中社会主义革命和建设时期（$G=0.554\ 68$）、中国特色社会主义新时代（$G=0.578\ 80$）的均衡化程度较低。

二、红色旅游资源空间分布类型

全国红色旅游资源在宏观呈点状分布，可以根据点状要素的空间分布类型进行测定[39]。运用公式（5-2）（5-3），得到我国红色旅游资源总体和四个历史时期的最近邻指数（见表 5-2）。总体而言，截至 2021 年红色旅游资源共 1 037 个，平均观测距离为 22.58 千米，最近邻指数为

0.366 612,表明红色旅游资源在全国范围内整体呈现集聚分布趋势。不同时期红色旅游资源空间分布具有一定差异:新民主主义革命时期红色旅游资源数量较多,最近邻指数为 0.344 835,呈明显集聚分布;社会主义革命和建议初期至中国特色社会主义新时代的红色旅游资源数量总体偏少,呈集聚—随机分布趋势。

表 5-2　不同时期红色旅游资源分布的最近邻指数

时　　期	坐标数量（个）	平均观测距离（千米）	最近邻指数	类　型
新民主主义革命时期	853	23.42	0.344 835	集聚
社会主义革命和建设初期	80	123.09	0.554 967	集聚—随机
改革开放和社会主义建设时期	67	167.56	0.691 368	集聚—随机
中国特色社会主义新时代	37	165.30	0.506 837	集聚—随机
总计	1 037	22.58	0.366 612	集聚

三、红色旅游资源空间集聚指向特征

为了直观揭示我国红色旅游资源的空间集聚指向,借助 ArcGIS 软件的空间分析技术,采用公式(5-4)核密度法生成全部红色资源及四个历史时期红色资源分布密度图。

首先对全国 1 037 个红色旅游资源的核密度分析。可以发现,红色旅游资源集中在六大红色旅游区:① 京津冀区域以北京为中心,见证了新中国从一穷二白到科技强国历程;② 鄂豫皖交界区域以大别山腹地为中心,是解放战争时期重要战役遗址地,也是土地革命时期的重要根据地;③ 沪浙区域以上海为中心,是中国建党初期重大事件的发生地,也见证了改革开放以来经济发展和新时代生态文明建设取得的伟大成就;④ 黔北黔西区域以遵义为中心,成功突破反围剿实现革命历史转折;⑤ 湘赣闽区域以韶山、井冈山和瑞金为中心,是中央苏区革命主要活动地,也是伟人故里;⑥ 陕北区域以延安为中心,象征延安精神的革命圣地。其中京津冀、沪浙和鄂豫皖交界区域是高密度区。

接着对四个历史时期的红色旅游资源分布进行核密度分析。结果显示:新民主主义革命时期的红色旅游资源空间分布属于集聚型,集聚区域和全国红色旅游资源集聚区相似。主要因为该时期经过北伐战争、土地革命战争、抗日战争、解放战争 28 年浴血奋战,推翻了帝国主义、封建主义和官僚资本主义的反动统治,实现了民族独立和人民解放。该时期的红色旅游资源集聚区域反映了中国共产党通过统一战线、武装斗争和党的建设领导中国民主革命的活动范围,体现了延安精神、井冈山精神、太行精神、红岩精神、长征精神以及西柏坡精神。

社会主义革命和建设初期的红色旅游资源空间分布属于集聚—随机型。在社会主义革命和建设初期,党带领人民对中国现代化建设进行的艰辛探索,重点是首都经济建设、边疆解放、新疆军团农垦和东北重工业基地建设。该时期的红色旅游资源比较集中区域是京津冀地区、东北地区及新疆地区。

改革开放和社会主义建设时期的红色旅游资源也呈集聚—随机分布态势。该时期主要任务是进行社会主义现代化建设和实行改革开放,让中国人民摆脱贫困富起来。红色旅游资源相对集中于京津冀地区、沪浙核心地区,集聚区域体现该时期沿海城市改革开放成就、对革命和建设精神缅怀。

中国特色社会主义新时代的红色旅游资源空间分布基本属于集聚—

随机型。主要表现为科技强国建设以及绿水青山建设,主要集聚在沪浙以及京津冀地区。

最后,揭示能够完整反映共产党一百年奋斗历程的地理空间。文章将四个不同历史时期的核密度图进行叠加。

可以发现:我国960多万平方公里的广袤大地上红色旅游资源星罗棋布。可见,红色是中国共产党、中华人民共和国最鲜亮的底色,以北京为中心的京津冀地区和以上海为中心的沪浙地区更是见证了中国共产党艰辛而辉煌的奋斗历程。不同地区的红色旅游资源见证中国共产党带领全国人民站起来、富起来和强起来的不同历程。

第四节　研究结论与开发建议

一、研究结论

（一）红色旅游资源总体呈集聚分布

全国1 037个红色旅游资源主要集中分布在京津冀、鄂豫皖交界、沪浙、黔北黔西、湘赣闽、陕北地区六大红色旅游区,其中京津冀、鄂豫皖交界和沪浙区域密集度最高。

（二）四个不同历史时期红色旅游资源的空间分布类型具有差异

新民主主义革命时期空间分布属于集聚型,集聚区域和全国红色旅游资源集聚区相似;社会主义革命和建议初期至中国特色社会主义新时代三个历史时期红色旅游资源的空间分布属于集聚—随机型。

（三）红色是中国最鲜亮的底色

以北京为中心的京津冀地区和以上海为中心的沪浙地区更是见证和

浓缩了中国共产党艰辛而辉煌的奋斗历程。红色旅游资源在全国各地星罗棋布,不同地区红色旅游资源见证共产党一百年来四个时期不同主题的奋斗历程。

二、红色旅游资源开发的建议

（一）拓展红色旅游资源的时间范围

现有的红色旅游资源在覆盖时间上存在短板。为完整反映共产党一百年的奋斗历程,需要拓展红色旅游资源的时间范围,将一批中国共产党领导全国人民进行社会主义建设、改革开放以及中国特色社会主义建设新时代等不同历史时期的标志性成就、代表性项目纳进红色旅游资源范畴,尤其是将新时代中国特色社会主义时期取得标志性成就和代表性项目纳入红色旅游资源范围。

（二）设立专题红色旅游区

建议根据红色旅游资源集聚区域,规划京津冀、沪浙、湘赣闽、鄂豫皖交界区域、黔北黔西区域、陕北地区等六大专题旅游区,每个专题旅游区以不同历史事件为背景,向游客讲述中国共产党的故事,中华人民共和国的故事、中国特色社会主义的故事、改革开放的故事和新时代的故事。

（三）规划党史学习教育主题旅游线路

能够比较全面反映共产党一百年艰辛而辉煌奋斗历程的区域集中在以北京为中心的京津冀地区和以上海为中心的沪浙地区,它们构成了党史学习教育的红色文化地理空间。所以聚焦党史学习教育的红色文化地理空间,规划三条主题旅游线路。红色起步线彰显建党初心,将新民主主义革命时期的红色纪念馆、名人故居、烈士陵园、革命遗址遗迹的串联起来,主要回顾历史、缅怀先烈、牢记使命,激发爱国主义情怀;蓝色发展线彰显改革开放初心,串联起反映改革开放之后伟大成就的载体,如浦东开发开放主题展馆、北京规划展览馆等,展示我国对外开放所取得的伟大成就;绿色生态线彰显绿色发展初心,串联起绿色资源和在新时代生态文明建设中取得成绩,如浙江安吉余村、湖南湘西花垣十八洞村、浙江奉化滕头村等,主要体现新时代生态文明中的先试先行。红色旅游资源是中国共产党人不忘初心和践行使命的历史见证,通过红色起步线、蓝色发展线、绿色生态线三条主题线路规划,突出红色旅游资源的教育意义、政治意义和文化意义。

参考文献:

[1] 中共中央办公厅、国务院办公厅.2004—2010 年全国红色旅游发展规划纲要[Z].北京:中共中央办公厅、国务院办公厅,2004.

[2] 中共中央办公厅、国务院办公厅.2016—2020 年全国红色旅游发展规划纲要[Z].北京:中共中央办公厅、国务院办公厅,2016.

[3] 陈国磊、张春燕、罗静、等.中国红色旅游经典景区空间分布格局[J].干旱区资源与环境,2018,32(9):196-202.

[4] 孔亮,高福进.上海红色文化资源的特色、优势及研究述评[J].上海文化,2020(10):14-23.

[5] Li Y P, Hu Z Y, Zhang C Z, Red tourism: sustaining communist identity in a rapidly changing China[J]. Journal of Tourism and Cultural Change 2010, 8(1-2): 101-119.

[6] Henderson J C. War as tourist attraction: The case of Vietnam. International Journal of tourism Research, 2000, 2(4): 269-280.

[7] Lemelin H, Dawson J, Stewart E J, et al. Last-chance tourism: the boom, doom and gloom of visiting vanishing destinations. Current issues in tourism, 2010, 13(5): 477-493.

［8］Li M，Wu B，Cai L. Tourism development of World Heritage Sites in China：A geographic perspective. Tourism Management，2008，29(2)：308－319.

［9］Oritiz R，Ortiz P，Martin J M，et al. A new approach to the assessment of flooding and dampness hazards in cultural heritage，applied to the historic center of Seville（Spain）［J］. Science of the Total Environment，2016，551－552：546－555.

［10］Mazzanti M. Cultural heritage as multi-dimensional，multi-value and multi-attribute economic god：Toward a new framework for economic analysis and valuation［J］. The Journal of Socio-Economics，2002，31(5)：529－558.

［11］Ahmad Y. The scope and definitions of heritage：From tangible to intangible［J］. International Journal of Heritage Studies，2006，12(3)：292－300.

［12］徐仁立.中国红色旅游研究［M］.中国金融出版社,2010.

［13］肖海,卢丽刚.红色旅游资源的商标保护策略［J］.知识产权,2009,19 (1)：40－44.

［14］翁钢民,王常红.基于AHP的红色旅游资源综合评价方法及其开发对策［J］.工业技术经济,2006(2)：112－114.

［15］冯亮,党红艳,金媛媛.晋中市红色文化旅游资源的评价与开发优化［J］.经济问题,2018,(7)：92－98.

［16］方世敏,邓丽娟.红色旅游资源分类及其评价［J］.旅游研究,2013,5(1)：36－40.

［17］黄细嘉,宋丽娟.红色旅游资源构成要素与开发因素分析［J］.南昌大学学报（人文社会科学版）,2013,44(5)：53－59.

［18］马进甫,宋振美.简析红色旅游资源的特征及其开发策略［J］.北京第二外国语学院学报,2006(1)：111－114＋78.

［19］卢丽刚,周琰培.井冈山红色旅游资源的深度开发［J］.求实,2008(1)：61－63.

［20］刘宏明.大别山红色文化资源的旅游价值开发利用研究［J］.湖北社会科学,2012(5)：54－56.

［21］王立东,黄振宇.北京近代红色旅游资源分析与开发研究［J］.北京第二外国语学

院学报,2011,33(7):64-71.

[22] 余凤龙,陆林.红色旅游开发的问题诊断及对策——兼论井冈山红色旅游开发的启示[J].旅游学刊,2005(4):56-61.

[23] 陈雄根.湖南长株潭地区红色旅游资源的开发与区域经济发展[J].经济地理,2007(6):1042-1045.

[24] 梁峰.我国红色旅游资源分布特点及其开发策略研究[J].桂林旅游高等专科学校学报,2005(5):47-49,83.

[25] 魏鸿雁,章锦河,潘坤友.中国红色旅游资源空间结构分析[J].资源开发与市场,2006(6):510-513.

[26] 熊杰,章锦河,周瞥,朱顺顺,赵琳.中国红色旅游景点的时空分布特征[J].地域研究与开发,2018,37(2):83-88.

[27] 唐健雄,李莜蓓,肖林.湖南省红色旅游资源空间格局与影响因素[J].湖南财政经济学院学报,2019,35(2):74-82.

[28] 贺玲利.湖南省红色旅游空间结构优化研究[D].湘潭:湘潭大学,2016.

[29] 杨倩,吴雷.安徽省红色旅游景点空间结构研究[J].内江师范学院学报,2019,34(10):101-107.

[30] 钟业喜,刘影,赖格英.江西省红色旅游景区可达性分析及空间结构优化研究[J].江西师范大学学报(自然科学版),2011,35(2):208-212.

[31] 鲍克飞,王国梁.山西省红色旅游资源空间结构研究[J].山西师范大学学报(自然科学版),2013,27(1):98-103.

[32] 范力,焦世泰,韦复生.左右江革命老区红色旅游资源空间整合战略[J].中国行政管理,2013(7):117-119.

[33] 谢爱良,刘佳.中国红色旅游研究特征与趋势研究——基于科学知识图谱视角[J].资源开发与市场,2020,36(5):537-543.

[34] 张凌云,朱莉蓉.红色旅游概论[M].北京:旅游教育出版社,2014.

[35] 曲青山.中国共产党百年辉煌[N].光明日报,2021-02-03(11版).

[36] 苏建军,刘洋.丝绸之路沿线国家旅游资源分异特征及其影响因素[J].西北民族大学学报(哲学社会科学版),2020(4)：149-157.

[37] 潘竟虎,李俊峰.中国A级旅游景区空间分布特征与可达性[J].自然资源学报,2014,29(1)：55-56.

[38] 王远飞,何洪林.空间数据分析方法[M].北京：科学出版社,2007.

[39] 吴必虎,唐子颖.旅游吸引物空间结构分析——以中国首批国家4A级旅游区(点)为例[J].人文地理,2003(1)：1-5+28.

第六章 上海旅游品牌感知的 区域差异研究

第一节 绪 论

一、引言

随着城市旅游的不断发展,品牌在城市旅游目的地竞争中发挥着越来越重要的作用。具备高辨识度的旅游品牌,意味着可获得更有利的市场地位和更可观的商业价值,带动城市旅游乃至城市经济社会发展迈上更高水平。2021 年 4 月,中共中央、国务院在《关于支持浦东新区高水平改革开放打造社会主义现代化建设引领区的意见》中指出,要加快建设上海国际消费中心城市,培育打响上海服务、上海制造、上海购物、上海文化、上海旅游品牌,以高质量供给适应、引领、创造新需求[1],打响上海旅游品牌被正式纳入国家层面。这既是对上海建设世界著名旅游城市和国际消费中心城市阶段性成果的肯定,又是对上海旅游业"十四五"期间,乃至更长阶段旅游业发展提出了新的更高的发展目标和工作要求。2022 年1 月,在上海市第十五届人民代表大会第六次会议上,打响上海旅游品牌首次写入上海市政府工作报告[2],标志着上海旅游品牌建设步入了新阶段。上海旅游品牌是上海核心竞争力和世界影响力的体现,是上海建成现代化经济体系、实现转型升级和高质量发展的重要标志,是上海打造社会主义现代化国际大都市的有效途径。打响上海旅游品牌既是顺应时代和贯彻落实国家对上海的战略要求,也是上海旅游业自身发展的必然趋势。

目的地旅游品牌建设的根本目的就是要通过高质量、个性化、品牌化的旅游产品建设活动提高游客满意度。通过打响上海旅游品牌系列行动,明确上海旅游的品牌定位,在游客内心建立符合上海形象的旅游品牌个性,给来沪游客带来令人难忘的独特体验,提升游客满意度,获得源源不断的忠诚游客群体,保持上海旅游目的地竞争的战略优势,既是上海旅游品牌建设的逻辑起点和最终目标,也是上海建设世界著名旅游城市的应有之义。因此,旅游市场对品牌的感知程度就成为检验上海旅游品牌建设成效的关键标准,也是上海旅游品牌建设进行自我检视的对标标杆。基于此,本文从市场感知的视角切入,通过问卷调查的方式就外来游客对上海旅游品牌认知的区域差异进行研究,以期发现上海旅游品牌建设中的薄弱环节,为上海旅游品牌打造和高质量发展提供借鉴,助力上海世界著名旅游城市的建设进程。

二、文献回顾与研究探索

(一)相关文献回顾

在城市旅游品牌概念体系中通常有旅游品牌、旅游目的地品牌、品牌形象等相关概念。美国营销协会将品牌定义为一种名称、术语、标记、符号或设计,或者是这些要素的集合,其目的是借以辨认产品或服务,并使之与竞争对手的产品、服务区别开来[3]。在旅游目的地的品牌理论研究方面,Buhalis 对其的定义就是在某一旅游资源较为丰富的地理空间中,有意识、有组织地对各个相关要素和制度机制进行协调整合,使之向设定好的旅游目的地意图传达的品牌形象和内涵发展,并通过各种相应的方式让旅游者感受到其价值,从而达到旅游目的地输出价值形象统一化、品牌化的目的。在研究旅游目的地品牌的同时,也出现了以城市旅游品牌作为特殊的旅游目的地品牌展开的研究。城市旅游品牌是公众在旅游体验过程中形成的关于城市旅游功能、城市情感、城市自我表现性等识别要素的一系列独特联想[4],是在城市旅游资源的基础上,展现城市旅游的良好风貌,在旅游者心中形成良好的意识,从而形成城市的整体意识。

在上海旅游品牌及其感知研究方面,郁亮亮借助文献分析法、内容分析法、空间分析法等研究方法,基于网络文本,重点聚焦入境游客对上海城市旅游形象感知的动态问题,并从国内外城市旅游形象发展及感知特征和上海官方城市旅游形象规划设计与海外营销状况等维度出发,就入境游客对上海城市旅游形象感知进行了研究[5]。邓宁、戴滢和刘佳艺基于图片社交网站 Flickr 提供的图片元数据集,运用大数据挖掘的方法分析图片所携带的大量游客自定义的图片描述信息和图片评论,分析对比了不同来源地入境游客对上海旅游目的地形象的感知[6]。侯彩虹、陶丽娜和叶薇妮借鉴西蒙・安霍特(Simon Anholt)的国家和城市品牌指标模型,并结合上海城市发展特点,构建了上海城市品牌建设的六维量表,以百名在沪工作和生活的外国人为调研对象,通过问卷和访谈的方式,从经济发展、政府管理、历史文化、国际交流、市民素质、宜居城市和城市整体印象七个方面对在沪外国人展开调研,了解在沪外国人对上海城市品牌的认知,进而提出完善上海城市品牌精细化管理的具体对策和建议[7]。

(二)本文的研究探索

综上可见,既有研究明确了目的地品牌个性是保持持久差异化和竞争力的源泉,是刺激游客个性联想和积极态度形成的关键要素,分析了旅游品牌的内涵及因素,尤其在入境游客对上海旅游品牌感知方面开展了积极探索,为本文研究奠定了基础,提供了深入探索的方向。其一,就上海旅游品牌的高质量发展研究来看,聚焦上海旅游形象单一性指标的探讨居多,系统构建上海旅游品牌感知的指标体系方面的研究还较为鲜见;其二,就调查研究的对象来看,目前主要集中在入境游客上,对庞大的国内游客市场开展全面分析的研究尚显不足;其三,就研究的空间尺度来看,目前还主要局限在某一特定市场的宏观层面上,尚未对空间尺度进行细分,以及就不同空间市场之间开展比较式的综合分析。

有鉴于此,本文尝试从两个方面对现有研究框架进行拓展:一是在研究视角上,基于高质量发展的内涵要求,对上海旅游品牌的感知进行系统性解构,具体包括品牌要素感知、品牌口碑感知、旅游形象感知、城市形象感知、旅游要素质量感知、基础设施质量感知、服务质量感知、满意度感知和忠诚度感知等九个方面,力求进行全面反映;二是在研究对象上,基于上海旅游的国内市场结构,从苏浙皖三个长三角地区省份和国内其他地区进行抽样,在市场半径上全覆盖,分析其市场感知的区域差异及特征,为上海旅游品牌建设水平的精准研判提供科学依据。

第二节　研究方法与样本构成

一、研究方法

本次研究主要采用问卷调查法获取数据。首先对相关文献资料[8-10]进行分析整合,确认研究主题、划分维度和参考量表,设计出问卷初稿。结合专家学者对问卷内容和形式的建议,对问卷初稿进行了修改。为了确保问卷的准确性和全面性,课题组在问卷星发放问卷共计 1 380 份,调查对象为有过上海旅游经历的外地游客,回收有效问卷 1 039 份,有效率为 75.29%。从调查对象的区域分布来看,长三角地区游客样本 626 份,占比约 60.25%,国内其他地区游客样本 413 份,占比约 39.75%。其中,江苏省游客样本 210 份,占比约 20.21%;浙江省游客样本 205 份,占比约 19.73%;安徽省游客样本 211 份,占比约 20.31%。长三角地区和国内其他地区游客样本比例,以及苏浙皖三地的游客样本占比均较为均衡,在一定程度上确保了样本构成的合理性和科学性,为研究结论的分析奠定了较好基础。

调研问卷主要由三部分构成,受访者的个人基本信息、关于上海旅游品牌标志认知及信息获取渠道的调查和关于上海旅游品牌的感知调查。本次调研利用李克特 5 点量表(非常赞同＝5 分;赞同＝4 分;不确定＝3 分;不赞同＝2 分;非常不赞同＝1 分),主要采用描述性分析、独立样本 t 检验、单因素方差分析等方法对问卷数据进行处理。此外,为了精确判断游客感知在 3～4 分、2～3 分是"满意"还是"不满意",以李克特量表中"一般(3 分)"为标准,进行单样本检验。

二、样本构成

本次调查样本构成的基本情况如表 6-1 所示。

表 6-1　调查样本构成一览表

特　征	特　征　值	比例(%)
性别构成	男	55.05
	女	44.95
婚姻状况	已婚	75.75
	未婚	24.25
年龄构成	18～25	24.83
	26～35	25.60

续　表

特　征	特　征　值	比例(%)
年龄构成	36～45	25.79
	46～60	23.77
收入构成	1 000 元以下	1.64
	1 001～3 000	2.21
	3 001～5 000	5.97
	5 001～8 000	12.61
	8 001～10 000	13.76
	10 001～15 000	20.89
	15 001～20 000	19.73
	20 001 元以上	23.20
职业构成	企、事业管理职工	42.93
	企、事业管理人员	36.28
	公务员	2.02
	私营企业主、个体经营者	8.47
	学生	4.52
	自由职业者	4.23
	离、退休人员	0.87
	其他从业人员	0.67
学　历	初中及以下	0.67
	高中(中专及职校)	5.58
	本科及大专	86.14
	硕士研究生及以上	7.60

续　表

特　征	特　征　值	比例(%)
出游次数	1次	15.78
	2次	35.90
	3次	22.33
	4次及以上	25.99
来源地区	江苏	20.21
	浙江	19.73
	安徽	20.31
	其他地区	39.75

综合来看,在本次调查中,在企事业单位从事管理和服务工作的中青年人占了较大比重,他们所受教育水平较高,个人文化素养较好,收入也较为稳定,是上海旅游业发展的市场主体部分。调查样本结构为研究上海旅游品牌感知提供了比较合理的基础材料。

第三节　研究结果分析

一、整体感知分析

将上海旅游品牌整体感知与代表品牌整体感知的品牌要素、口碑、城市形象、旅游形象、旅游要素质量、基础设施质量、服务质量、满意度、忠诚度等9个维度的感知度进行单样本 t 检验,结果如表6-2所示。

表 6－2　单样本检验结果

	检验值＝3					
	t	自由度	Sig（双尾）	平均值差值	差值95％置信区间	
					下限	上限
品牌要素感知	34.692	1 038	0.000	0.677 80	0.639 5	0.716 1
口碑感知	55.015	1 038	0.000	1.118 86	1.079 0	1.158 8
旅游形象感知	63.986	1 038	0.000	1.112 37	1.078 3	1.146 5
城市形象感知	41.324	1 038	0.000	0.882 90	0.841 0	0.924 8
旅游要素质量感知	61.847	1 038	0.000	1.124 16	1.088 5	1.159 8
基础设施质量感知	69.561	1 038	0.000	1.275 75	1.239 8	1.311 7
服务质量感知	53.924	1 038	0.000	0.956 53	0.921 7	0.991 3
满意度感知	31.463	1 038	0.000	0.654 20	0.613 4	0.695 0
忠诚度感知	40.006	1 038	0.000	0.875 20	0.832 3	0.918 1
上海旅游品牌整体感知	64.087	1 038	0.000	0.897 28	0.869 8	0.924 8

从表中可看出 9 个维度的感知度和整体品牌感知度均与检验值 3 存在显著差异（Sig＝0.000＜0.05），说明各维度感知度均值与整体感知度均值具有统计学意义。

为了深入了解游客对各维度感知度的表现情况，对上海旅游品牌整体感知度均值以及品牌要素、口碑、城市形象、旅游形象、旅游要素质量、基础设施质量、服务质量、满意度、忠诚度这 9 个维度的感知度均值进行分析，见表 6－3。

表 6-3　上海旅游品牌整体感知度与各维度感知度情况

	个案数	平均值	排序
基础设施质量感知	1 039	4.275 7	1
旅游要素质量感知	1 039	4.124 2	2
口碑感知	1 039	4.118 9	3
旅游形象感知	1 039	4.112 4	4
服务质量感知	1 039	3.956 5	5
城市形象感知	1 039	3.882 9	6
忠诚度感知	1 039	3.875 2	7
品牌要素感知	1 039	3.677 8	8
满意度感知	1 039	3.654 2	9
上海旅游品牌整体感知	1 039	3.897 3	

由表 6-3 可以发现,基础设施质量感知水平最高,其次为旅游要素质量感知水平、口碑感知水平、旅游形象感知水平,服务质量感知水平也高于旅游品牌整体感知水平;而城市形象感知水平、忠诚度感知水平、品牌要素感知水平和满意度感知水平均低于上海旅游品牌整体感知水平。

二、分区域的整体感知分析

(一)长三角地区的整体感知分析

长三角地区游客市场对上海旅游品牌感知的整体水平如图 6-1 所示。

从图 6-1 可以看出,长三角地区游客市场对上海旅游品牌分维度感知的水平参差不齐。按照感知水平由高到低,基础设施质量感知水平最

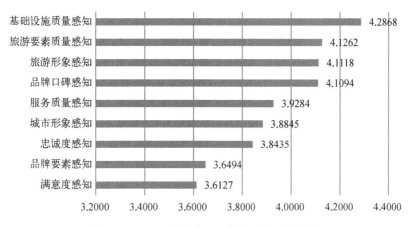

图 6-1　长三角地区感知水平的分维度排序

高,排在首位,其次是旅游要素质量感知,排在第三位的是旅游形象感知,满意度感知水平最低,排在末位。其中感知水平在 4 分以上的有 4 个维度指标,占比约 44.44%,其他 5 个指标的感知水平均低于 4 分。这一方面反映了上海旅游品牌在长三角地区游客心目中的感知水平整体还不高,可能与区位毗邻造成的特色差异和品牌吸引力不够有关,也可能与上海旅游品牌营销对临近区域的推广力度欠缺有关;另一方面也反映了构成上海旅游品牌的硬件要素的感知水平比较高,软件要素的整体感知水平亟须加强和提升,软硬要素发展不协调将成为上海旅游品牌未来打造和持续发力的重点和难点。

（二）其他地区的整体感知分析

其他地区游客市场对上海旅游品牌感知的整体水平如图 6-2 所示。

从图 6-2 数据来看,其他地区游客市场对上海旅游品牌分维度感知水平的整体情况与长三角地区相仿,分维度的感知水平高低不一,但分维度的感知水平排序还是存在一定差异。其中感知水平在 4 分以上的有 4 个维度指标,占比约 44.44%,5 个指标的感知水平均低于 4 分。

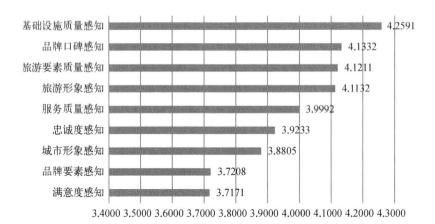

图 6-2　国内其他地区感知水平的分维度排序

按照感知水平由高到低,排在首位的同样是基础设施质量感知,其次是品牌口碑感知,旅游要素质量感知排在第三位,满意度感知水平也是最低,排在末位。

（三）长三角和其他地区的整体感知比较分析

长三角地区和国内其他地区游客对上海旅游品牌的整体感知水平比较如图 6-3 所示。

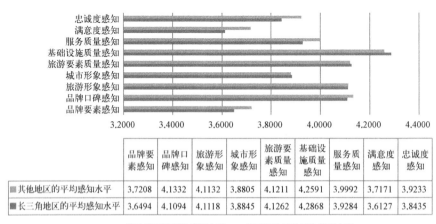

	品牌要素感知	品牌口碑感知	旅游形象感知	城市形象感知	旅游要素质量感知	基础设施质量感知	服务质量感知	满意度感知	忠诚度感知
■其他地区的平均感知水平	3.7208	4.1332	4.1132	3.8805	4.1211	4.2591	3.9992	3.7171	3.9233
■长三角地区的平均感知水平	3.6494	4.1094	4.1118	3.8845	4.1262	4.2868	3.9284	3.6127	3.8435

■ 其他地区的平均感知水平　■ 长三角地区的平均感知水平

图 6-3　长三角地区与国内其他地区平均感知水平的比较

从图 6-3 数据可以发现,国内其他地区游客市场对上海旅游品牌的整体感知水平要高于长三角地区。首先,就整体而言,在品牌要素感知、品牌口碑感知、旅游形象感知、服务质量感知、满意度感知和忠诚度感知等 6 个方面,其他地区均高于长三角地区。其次,在城市形象感知、旅游要素质量感知和基础设施质量等 3 个方面,长三角地区虽然略高于其他地区,但优势不够明显。第三,长三角地区与国内其他地区游客市场对上海旅游品牌感知的具体差异,一方面可能源于地缘因素导致两大市场对上海旅游及其品牌的认知程度不一;另一方面也反映了两大细分市场对上海旅游品牌关注的焦点不同,具体反映在不同维度上;同时,也为上海旅游品牌打造和营销推广做了提示,要针对细分市场的偏好,将品牌建设工作压实落细,并最终通过优质的产品和服务,将品牌价值传递给游客,获得游客的认可。

三、分维度感知的区域差异分析

(一)品牌要素感知维度

利用单因素方差分析对来自不同地区的游客群体在上海旅游品牌要素感知方面的差异进行分析如表 6-4 所示。

表 6-4　ANOVA 结果

	平方和	自由度	均　方	F	显著性
组间	1.274	3	0.425	1.071	0.360
组内	410.400	1 035	0.397		
总计	411.674	1 038			

表 6-4 中 ANOVA 结果表明,显著性 $P=0.360>0.05$,说明来自不同地区的游客群体在上海旅游品牌要素感知水平方面不存在显著差异。

在上海旅游品牌要素感知水平上,来自江苏、浙江、安徽的游客对品牌要素的感知水平低于来自其他地区的游客感知水平,其中,来自浙江的游客对品牌要素的感知水平最低,结果如图 6-4 所示。

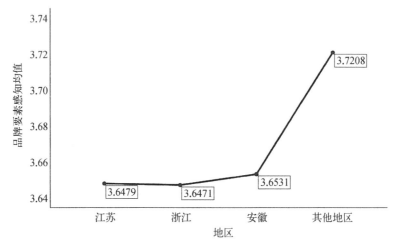

图 6-4　不同来源地区群体对品牌要素的感知均值

（二）品牌口碑感知维度

利用单因素方差分析对来自不同地区的游客群体在上海旅游品牌口碑感知方面的差异进行分析如表 6-5 所示。

表 6-5　ANOVA 结果

	平方和	自由度	均　方	F	显著性
组间	0.469	3	0.156	0.363	0.780
组内	445.601	1 035	0.431		
总计	446.070	1 038			

表 6-5 中 ANOVA 结果表明,显著性 P=0.780>0.05,说明来自不同地区的游客群体在上海旅游品牌口碑感知水平方面不存在显著差异。

在上海旅游品牌口碑感知水平上,来自安徽的游客对品牌口碑的感知水平最低,来自浙江的游客对品牌口碑的感知水平最高,来自其他地区的游客对品牌口碑的感知也较高,具体结果如图 6-5 所示。

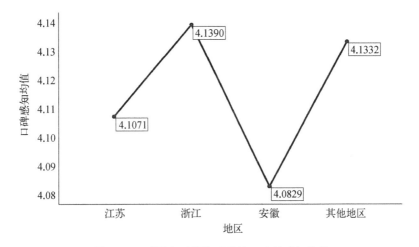

图 6-5　不同地区群体对品牌口碑的感知均值

（三）旅游形象感知维度

利用单因素方差分析对来自不同地区的游客群体在上海旅游形象感知方面的差异进行分析,具体结果如表 6-6 所示。

表 6-6　ANOVA 结果

	平方和	自由度	均　　方	F	显著性
组间	0.716	3	0.239	0.760	0.517
组内	325.227	1 035	0.314		
总计	325.944	1 038			

表 6-6 中 ANOVA 结果表明,显著性 P＝0.517＞0.05,说明来自不同地区的游客群体在上海旅游形象感知水平方面不存在显著差异。

在上海旅游形象感知水平上,来自浙江的游客对旅游形象的感知水平最低,来自江苏的游客对旅游形象的感知水平最高,来自安徽的游客与来自其他地区的游客对旅游形象的感知水平相近,具体结果如图 6-6 所示。

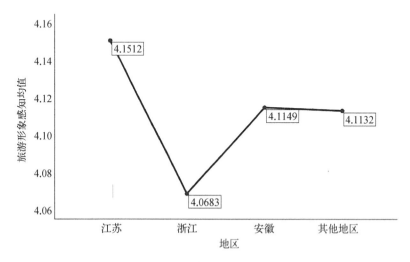

图 6-6　不同地区群体对旅游形象的感知均值

（四）城市形象感知维度

利用单因素方差分析对来自不同地区的游客群体在上海城市形象感知方面的差异进行分析,具体结果如表 6-7 所示。

表 6-7　ANOVA 结果

	平方和	自由度	均　方	F	显著性
组间	0.035	3	0.012	0.025	0.995
组内	492.273	1 035	0.476		
总计	492.308	1 038			

表 6-7 中 ANOVA 结果表明,显著性 P＝0.995＞0.05,说明来自不同地区的游客群体在上海城市形象感知水平方面不存在显著差异。

在上海城市形象感知水平上,来自浙江的游客对城市形象的感知水平最低,来自江苏的游客对城市形象的感知水平最高,来自安徽的游客与来自其他地区的游客对城市形象的感知水平相近,具体结果如图 6-7 所示。

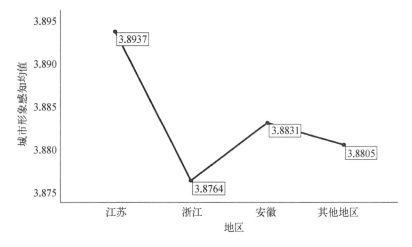

图 6-7　不同地区群体对城市形象的感知均值

（五）旅游要素质量感知维度

利用单因素方差分析对来自不同地区的游客群体在上海旅游要素质量感知方面的差异进行分析,具体结果如表 6-8 所示。

表 6-8　ANOVA 结果

	平方和	自由度	均　方	F	显著性
组间	4.588	3	1.529	4.501	0.004
组内	351.729	1 035	0.340		
总计	356.317	1 038			

表 6-8 中 ANOVA 结果表明,显著性 P＝0.004＜0.05,说明来自不同地区的游客群体在上海旅游要素质量感知水平方面存在显著差异。根据事后检验结果可知,在上海旅游要素质量感知方面,来自江苏的游客群

体与来自浙江、安徽和其他地区的游客群体之间均存在显著差异。

在上海旅游要素质量感知水平上,来自浙江的游客对旅游要素质量的感知水平最低,来自江苏的游客对旅游要素质量的感知水平最高,结果如图 6-8 所示。

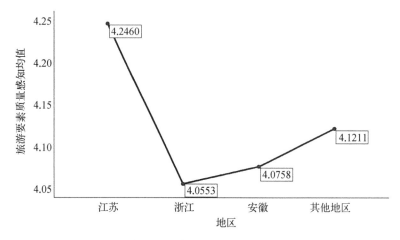

图 6-8　不同地区群体对旅游要素质量的感知均值

（六）基础设施质量感知维度

利用单因素方差分析对来自不同地区的游客群体在上海基础设施质量感知方面的差异进行分析,结果如表 6-9 所示。

表 6-9　ANOVA 结果

	平方和	自由度	均　方	F	显著性
组间	1.634	3	0.545	1.561	0.197
组内	361.114	1 035	0.349		
总计	362.749	1 038			

表 6-9 中 ANOVA 结果表明,显著性 P=0.197>0.05,说明来自不同地区的游客群体在上海基础设施质量感知水平方面不存在显著差异。

在上海基础设施质量感知水平上,来自浙江的游客对基础设施质量的感知水平最低,来自江苏的游客对基础设施质量的感知水平最高,结果如图6-9所示。

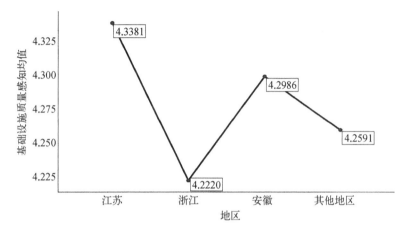

图6-9　不同地区群体对基础设施质量的感知均值

（七）服务质量感知维度

利用单因素方差分析对来自不同地区的游客群体在上海旅游服务质量感知方面的差异进行分析,结果如表6-10所示。

表6-10　ANOVA结果

	平方和	自由度	均　　方	F	显著性
组间	1.922	3	0.641	1.965	0.117
组内	337.420	1 035	0.326		
总计	339.342	1 038			

表6-10中ANOVA结果表明,显著性P=0.117＞0.05,说明来自不同地区的游客群体在上海旅游服务质量感知水平方面不存在显著差异。

在上海旅游服务质量感知水平上,来自浙江的游客对服务质量的感知水平最低,来自其他地区的游客对服务质量的感知水平最高,来自江苏的游客对服务质量的感知水平也较高,结果如图 6 - 10 所示。

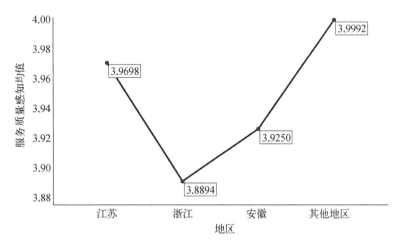

图 6 - 10　不同地区对服务质量的感知均值

（八）满意度感知维度

利用单因素方差分析对来自不同地区的游客群体在上海旅游满意度感知方面的差异进行分析,结果如表 6 - 11 所示。

表 6 - 11　ANOVA 结果

	平方和	自由度	均　方	F	显著性
组间	3.200	3	1.067	2.384	0.068
组内	463.070	1 035	0.447		
总计	466.269	1 038			

表 6 - 11 中 ANOVA 结果表明,显著性 P＝0.068＞0.05,说明来自不同地区的游客群体在上海旅游满意度感知水平方面不存在显著差异。

在上海旅游满意度感知水平上,来自江苏的游客对旅游满意度的感知水平最低,来自其他地区的游客对旅游满意度的感知水平最高,结果如图 6 - 11 所示。

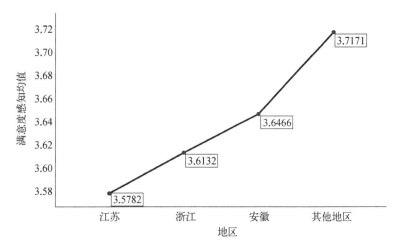

图 6 - 11　不同地区群体对旅游满意度的感知均值

（九）忠诚度感知维度

利用单因素方差分析对来自不同地区的游客群体在上海旅游忠诚度感知方面的差异进行分析,结果如表 6 - 12 所示。

表 6 - 12　ANOVA 结果

	平方和	自由度	均　方	F	显著性
组间	1.809	3	0.603	1.213	0.304
组内	514.342	1 035	0.497		
总计	516.151	1 038			

表 6 - 12 中 ANOVA 结果表明,显著性 P＝0.304＞0.05,说明来自不同地区的游客群体在上海旅游忠诚度感知水平方面不存在显著

差异。

在上海旅游忠诚度感知水平上,来自浙江的游客对旅游忠诚度的感知水平最低,来自江苏的游客的感知水平也较低,来自其他地区的游客对旅游忠诚度的感知水平最高,结果如图 6-12 所示。

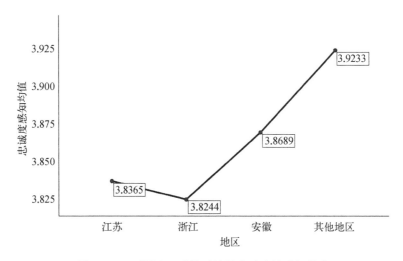

图 6-12 不同地区群体对旅游忠诚度的感知均值

四、不同区域的感知水平诊断

(一)江苏市场的感知水平诊断

江苏省游客市场对上海旅游品牌的感知水平与全国平均水平相比较,结果如图 6-13 所示。

从图 6-13 数据分析可以发现,在 9 个维度指标中,江苏游客市场平均感知水平高于全国的有旅游形象感知、城市形象感知、旅游要素质量感知、基础设施质量感知、服务质量感知等 5 个指标,占比约 55.56%,其他 4 个指标略低于全国平均水平。同时可以发现,江苏游客市场 9 个维度之间的感知水平较为均衡。由此可以判断,江苏游客市场的整体感知水平

	品牌要素感知	品牌口碑感知	旅游形象感知	城市形象感知	旅游要素质量感知	基础设施质量感知	服务质量感知	满意度感知	忠诚度感知
▦全国平均感知水平	3.6778	4.1189	4.1124	3.8829	4.1242	4.2757	3.9565	3.6542	3.8752
▪江苏平均水平	3.6479	4.1071	4.1512	3.8937	4.2460	4.3381	3.9698	3.5782	3.8365

▦全国平均感知水平　▪江苏平均水平

图 6-13　江苏市场与全国平均感知水平的比较

良好,但在品牌要素感知、品牌口碑感知、满意度感知和忠诚度感知方面
有待加强。

（二）浙江市场的感知水平诊断

浙江省游客市场对上海旅游品牌的感知水平与全国平均水平相比
较,结果如图 6-14 所示。

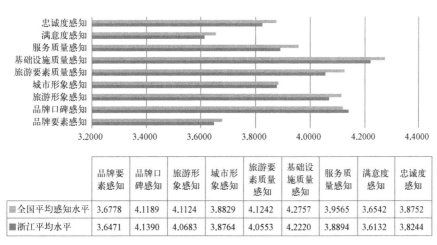

	品牌要素感知	品牌口碑感知	旅游形象感知	城市形象感知	旅游要素质量感知	基础设施质量感知	服务质量感知	满意度感知	忠诚度感知
▦全国平均感知水平	3.6778	4.1189	4.1124	3.8829	4.1242	4.2757	3.9565	3.6542	3.8752
▪浙江平均水平	3.6471	4.1390	4.0683	3.8764	4.0553	4.2220	3.8894	3.6132	3.8244

▦全国平均感知水平　▪浙江平均水平

图 6-14　浙江市场与全国平均感知水平的比较

从图 6-14 数据分析可以发现,浙江游客市场对上海旅游品牌的整体感知度比较低,在 9 个维度指标中,只有品牌口碑感知略高于全国平均水平,其他 8 个指标均低于全国平均水平,且存在一定的悬殊。同时可以发现,浙江游客市场感知水平的 9 个维度之间极度不协调,在一定程度上也影响了整体感知水平。因此,如何提升浙江游客市场的感知水平,将成为上海旅游品牌打造和营销推广过程中需要高度关注的方面。

(三)安徽市场的感知水平诊断

安徽省游客市场对上海旅游品牌的感知水平与全国平均水平相比较,结果如图 6-15 所示。

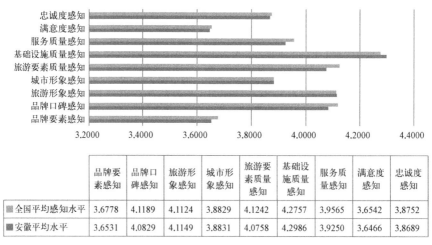

	品牌要素感知	品牌口碑感知	旅游形象感知	城市形象感知	旅游要素质量感知	基础设施质量感知	服务质量感知	满意度感知	忠诚度感知
全国平均感知水平	3.6778	4.1189	4.1124	3.8829	4.1242	4.2757	3.9565	3.6542	3.8752
安徽平均水平	3.6531	4.0829	4.1149	3.8831	4.0758	4.2986	3.9250	3.6466	3.8689

■ 全国平均感知水平　■ 安徽平均水平

图 6-15　安徽市场与全国平均感知水平的比较

从图 6-15 数据分析可以发现,与浙江游客市场的感知水平相仿,安徽游客市场对上海旅游品牌的整体感知度也比较低。在 9 个维度指标中,旅游形象感知、城市形象感知和基础设施质量感知等 3 个指标略高于全国平均水平,其他 6 个指标均低于全国平均水平,且存在一定的差距。

同样可以发现,安徽游客市场感知水平的9个维度之间严重失衡,在一定程度上影响了其整体感知水平。未来如何提升安徽游客市场的感知水平,将成为上海旅游品牌打造和营销推广过程中需要高度关注的又一个方面。

（四）长三角市场的感知水平诊断

长三角游客市场对上海旅游品牌的感知水平与全国平均水平相比较,结果如图6-16所示。

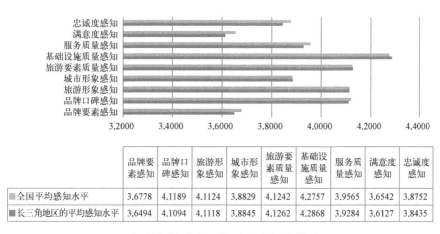

	品牌要素感知	品牌口碑感知	旅游形象感知	城市形象感知	旅游要素质量感知	基础设施质量感知	服务质量感知	满意度感知	忠诚度感知
▨全国平均感知水平	3.6778	4.1189	4.1124	3.8829	4.1242	4.2757	3.9565	3.6542	3.8752
■长三角地区的平均感知水平	3.6494	4.1094	4.1118	3.8845	4.1262	4.2868	3.9284	3.6127	3.8435

▨全国平均感知水平　■长三角地区的平均感知水平

图6-16　长三角市场与全国平均感知水平的比较

从图6-16可以发现,长三角地区游客市场对上海旅游品牌的整体感知水平略低于全国平均水平。其中,品牌要素感知、品牌口碑感知、旅游形象感知、服务质量感知、满意度感知和忠诚度感知等6个方面均低于全国平均水平。基础设施质量感知、城市形象感知和旅游要素质量感知等3个方面虽然高于全国水平,但领先优势不明显。进一步分析发现,长三角地区游客市场对上海旅游品牌的整体感知水平比较低的原因至少包括:一是从市场半径来看,符合旅游异地性的基本特征,即"距离产生美",长三角地区和上海地缘相近、文化相似,因此吸引力会减弱;二是从重游次数来看,长三角市场游客的平均重游次数为2.73次,其他地区市场游客的平均重游次数为2.37次,说明长三角市场游客的重游率更高,游客对上海旅游更加熟悉,期望值就会越来越高,随之感知水平会降低。

(五)其他地区市场的感知水平诊断

其他地区游客市场对上海旅游品牌的感知水平与全国平均水平相比较,结果如图6-17所示。

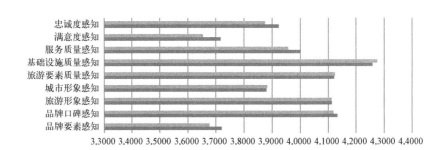

	品牌要素感知	品牌口碑感知	旅游形象感知	城市形象感知	旅游要素质量感知	基础设施质量感知	服务质量感知	满意度感知	忠诚度感知
▨全国平均感知水平	3.6778	4.1189	4.1124	3.8829	4.1242	4.2757	3.9565	3.6542	3.8752
▨其他地区的平均感知水平	3.7208	4.1332	4.1132	3.8805	4.1211	4.2591	3.9992	3.7171	3.9233

▨全国平均感知水平　▨其他地区的平均感知水平

图6-17　国内其他市场与全国平均感知水平的比较

从图6-17可以发现,与长三角地区游客市场感知不同的是,国内其他地区游客市场对上海旅游品牌的整体感知水平略高于全国平均水平。在9个方面指标中,6个指标高于全国平均水平,占比三分之二。城市形象感知、旅游要素质量感知和基础设施质量感知水平略低于全国平均水平。这一方面反映了国内其他游客市场对上海旅游品牌在城市形象等3个方面给予了更高的期望,另一方面也为上海旅游品牌进一步提升,特别是针对远程旅游市场开展旅游品牌营销推广时明确了目标,指明了方向。

第四节 结论与建议

一、主要结论

综上,本文的研究结论主要包括如下三个方面。首先,就整体感知来看,外来游客对上海旅游品牌要素中的基础设施、旅游要素、口碑、旅游形象、服务质量等均有较高的感知水平,且这五个维度的感知水平都高于旅游品牌整体感知水平;而城市形象、忠诚度、品牌要素、满意度感知水平均低于上海旅游品牌整体感知水平,仍有较大的提升空间。这一方面说明上海旅游品牌建设已经取得了一定的成效并获得了市场认可,另一方面也反映了上海旅游品牌建设中仍旧存在薄弱环节。其次,从宏观区域差异来看,国内其他地区游客市场对上海旅游品牌的整体感知水平要高于长三角地区。一是在品牌要素感知、品牌口碑感知、旅游形象感知、服务质量感知、满意度感知和忠诚度感知等 6 个方面,其他地区均高于长三角地区。二是在城市形象感知、旅游要素质量感知和基础设施质量等 3 个方面,长三角地区虽然略高于其他地区,但优势不够明显。最后,从长三角内部区域差异来看,江苏游客市场对上海旅游品牌的整体感知水平要高于浙江和安徽。而且江苏游客市场 9 个维度之间的感知水平较为均衡,浙江和安徽游客市场 9 个维度之间的感知水平存在不同程度的失衡。第四,从分维度指标的区域差异来看,江苏、浙江、安徽和其他地区在旅游要素质量感知方面存在显著差异,在其他 8 个维度方面均不存在显著差异。

二、对策建议

基于前文分析,就上海旅游品牌建设和营销推广提出如下对策和建议：首先，针对城市形象感知水平、忠诚度感知水平、品牌要素感知水平、满意度感知水平均低于上海旅游品牌整体感知水平的薄弱环节，上海要着力在城市形象提升、品牌要素打造、满意度与忠诚度提升上创新举措。其次，须避免营销"灯下黑"现象，要在江苏、浙江、安徽等周边省市加强品牌营销推广，加大宣传口号、宣传片、品牌 LOGO 的投放力度，特别要注意地缘相近和文化相似致使的品牌吸引力不足等问题，在品牌差异化上下功夫，在产品和服务品质上谋突破，在品牌营销上找创新。第三，要转变品牌打造和营销推广理念，一是要对市场进行细分，针对不同细分市场的品牌偏好，开展精准营销，提高营销效果；二是要创新营销推广举措，充分利用互联网、抖音直播等新媒体和自媒体平台资源，打造多维一体的营销矩阵，不断提升上海旅游品牌的市场影响力。

三、结语

作为"上海服务、上海制造、上海购物、上海文化、上海旅游"五大品牌实施的重要组成部分，打响上海旅游品牌既是顺应新时代和贯彻落实国家对上海的战略要求，也是上海核心竞争力和世界影响力的体现，是上海建成现代化经济体系、实现转型升级和高质量发展的重要标志，是上海打造社会主义现代化国际大都市的有效途径，更是上海建设世界著名旅游城市、国际文化大都市和国际消费中心城市的关键举措。本文从游客市场感知的角度出发，在全面梳理相关研究文献的基础上，设计了由受访者个人基本信息、上海旅游品牌标志认知及信息获取渠道调查、上海旅游品牌感知调查构成的调研问卷，基于 1 039 份有效调研样本数据，就外来游客对上海旅游品牌的感知进行研究，重点分析了其整体感知水平、感知水平的区域差异及相应特征，总结提炼了上海旅游品牌建设中的薄弱环节，分别从品牌打造理念、营销推广举措等方面为上海旅游品牌高质量发展提出了对策建议，为上海建设世界著名旅游城市助力。同时也发现,上海旅游品牌建设离不开城市整体发展,涉及的内容很多,是一项系统性工程,本文研究切入的市场感知视角仅仅是一个方面,还比较局限,今后有待持续关注与进一步探讨。

参考文献:

［1］中共中央 国务院.关于支持浦东新区高水平改革开放打造社会主义现代化建设引领区的意见［R］.北京:2021.

［2］上海市第十五届人民代表大会第六次会议.上海市人民政府工作报告［R］.上海:2022.

［3］菲利普·科特勒.凯文·莱恩·凯勒,卢泰宏.营销管理［M］.北京:中国人民大学出版社,2009.

［4］马聪玲,倪鹏飞.城市旅游品牌:概念界定及评价体系［J］.财贸经济,2008(9):124－127.

［5］郁亮亮.入境游客上海城市旅游形象感知研究［D］.上海:华东师范大学,2019.

［6］邓宁,戴滢,刘佳艺.基于社交图片大数据的入境游客目的地形象感知——以上海为例［J］.中国旅游评论,2018(4):4－20.

［7］侯彩虹,陶丽娜,叶薇妮.精细化管理视角下的上海城市品牌建设研究——基于在沪外国人实验性调查的发现［J］.都市文化研究,2019(2):110－130.

［8］Boo S, Busser J, Baloglu S. A model of customer-based brand equity and its application to multiple destinations［J］. Tourism Management, 2009, 30(2): 219－231.

［9］Kim S H, Han H S, Holland S, et al. Structural relationships among involvement, destination brand equity, satisfaction and destination visit intentions: The case of Japanese outbound travelers［J］. Journal of Vacation Marketing, 2009, 15(4): 349－365.

［10］夏媛媛.基于游客视角的景区品牌资产模型构建［D］.南昌:江西师范大学,2017.

第七章 基于实验人文地理学的 农民工休闲行为及 制约因素分析

——以河南郑州市为例

第一节 引 言

一、研究背景

为了满足人民群众日益增长的旅游休闲需求,促进旅游休闲产业的健康发展,推进具有中国特色的国民旅游休闲体系建设,2013 年 2 月 2 日,国务院办公厅印发了《国民旅游休闲纲要(2013—2020 年)》(以下简称《纲要》)。该《纲要》旨在通过保障国民旅游休闲时间,改善国民旅游休闲环境,推进国民旅游休闲基础设施建设,加强国民旅游休闲产品开发与活动组织,完善国民旅游休闲公共服务,提升国民旅游休闲服务质量等主要措施,全面推进国民休闲事业的发展,到 2020 年基本实现职工带薪年休假制度,城乡居民旅游休闲消费水平大幅增长,国民旅游休闲质量显著提高,与小康社会相适应的现代国民旅游休闲体系基本建成等目标。

改革开放以来,随着我国工业化、城镇化以及市场经济的快速发展,国家对限制人口流动的政策和管理有所松动,使得越来越多的农村富余劳动力转移到城市和乡镇企业就业。在这个转变过程中,形成了一个特殊的社会群体,这就是被称为我国现代化建设的一支新型劳动大军——"农民工",即"拥有农业户口、被他人雇用去从事非农活动的农村人口"①。2006 年 1 月 18 日,在《国务院关于解决"农民工"问题的若干意见》中,第一次把"农民工"概念写入中央政府具有行政法规作用的文件。2021 年 1 月 29 日,国家统计局发布了《2020 年全国农民工监测调查报告》(以下简称《报告》)。《报告》显示,2020 年我国农民工总量为 27 395 万人,比上年增长 1.9%。其中外出农民工为 16 821 万人,本地农民工为 10 574 万人,分别增长 1.3%和 2.8%。

当前,国内外学者对农民工休闲的研究主要集中在休闲消费、休闲参与、休闲需求等方面,也有部分学者在休闲文化方面进行了研究,然而对于农民工的休闲行为和休闲制约因素的研究尚不多见。其次在研究方法上,目前对于农民工休闲的研究,主要运用问卷调查法、数理统计法等方法,尚未有根据实验人文地理学的相关理论知识,设计一套完整的实验流程的方法对农民工的休闲行为及休闲制约因素进行分析和研究。

基于此,本文将尝试采用实验人文地理学的相关理论,结合 PPT 情景模拟法,设计一套完整的实验流程,对农民工休闲行为及其制约因素进行实验研究和分析。通过这一研究,希望能够对农民工休闲的相关研究起到相应的补充作用,同时能够为促进农民工的休闲行为和克服休闲制约因素提供参考。

---

① 张雨林.县属镇的"农民工"——吴江县的调查[J].社会学研究通讯,1984(1):1-14.

二、区域概况

随着中部省份承接东南沿海产业转移力度不断加大,越来越多农村劳动力更倾向于在本地就近就业。截至 2020 年,郑州市农民工已经突破 700 万,其中初中及以下学历的、无技能的农民工比例均占到 75%,约占 450 万左右。本研究将调研地点选在郑州市,具体调查选择中原区、二七区、上街区、管城区、惠济区五个区,主要原因有四个。第一,这五个区是郑州市农民工主要的聚居区,从实验执行的角度来说,实际操作起来相对方便。第二,这五个区农民工从事的职业类型多种多样,通过有针对性地选择实验对象,可以保证实验的有效性和全面性及代表性。第三,作为郑州市的主要城区,农民工也有较大的意愿和机会参与到休闲活动中,使收集到的样本更具有准确性和针对性。第四,这五个区休闲旅游资源丰富,各有特色,差异明显,农民工可以根据自己的休闲需求,选择自己理想的休闲场所。

第二节　实验设计

一、实验设计理论知识

(一) 实验人文地理学

在人文地理学科领域,学者们希望通过地理信息系统给出的虚拟地理环境,使实验参与者能够身临其境,观察并分析真实行为人的不同的行为。在本文中,通过借鉴实验人文地理学的相关理论,运用 PPT 情景模拟法,将有关郑州市中原区、二七区、上街区、惠济区、管城区相关资料、图片、视频等集成于 PPT 中，并结合访谈法，设计一套完整的实验流程，使农民工测试者通过观看 PPT，在虚拟的环境中，产生人地交互行为，来具体分析农民工的休闲行为及其制约因素。

（二）实验条件设置

农民工测试者的休闲活动范围会受到可支配的休闲时间和收入的影响。本文在研究过程中，根据消费者行为效益最大化原则，让农民工测试者做出最优的消费决策。因此，从休闲时间、金钱和交通三个方面设置实验条件，具体如表 7-1 所示。

表 7-1　实验条件设置

实　验　条　件	解　　　　释
农民工测试者选择单一休闲区域模式	农民工测试者选择单一休闲区域，当达到该区域之后，就以该区域为基地，停留一段时间，并参与其最想参与的休闲活动，等到可支配的时间或者资金消耗完之后，实验结束
农民工测试者可支配资金和时间是有限的	根据农民工测试者日常休闲消费的实际情况，设定可支配资金为 200 元，休闲时间为 1 天
休闲区域内部交通价格统一为每天 20 元	结合郑州市交通费用的实际情况，考虑到内部交通不可控的因素，且零碎不易计算，为减少相应的干扰变量，因此统一将休闲区域内部交通价格定为 20 元/天

（三）实验步骤

1. 实验前准备

（1）通过百度百科（https：//baike.baidu.com/）、郑州市中原区人民政府官网（http：//www.zhongyuan.gov.cn/）、郑州市二七区人民政府官网（http：//www.erqi.gov.cn/）、郑州市上街区人民政府官网（http：//www.zzsj.gov.cn/）、郑州市管城区人民政府官网（http：//www.guancheng.gov.

cn/)和郑州市惠济区人民政府官网(http://www.huiji.gov.cn/),以及各种可以收集到的有关这五个区域的休闲相关资料和渠道,并进行整理和总结,对比选择最真实、美观的图片、视频、宣传片集成于PPT中。

(2)农民工休闲活动选择类型PPT。通过文献分析法,首先确定出五种主要的休闲活动类型可供选择,具体如下。

一是,消遣型休闲活动:① 观看电视节目;② 微信、QQ 聊天;③ 逛街和逛公园;④ 手机游戏和其他活动。

二是,娱乐型休闲活动:① 去影院看电影;② KTV 唱歌;③ 跳舞(广场舞等);④ 打扑克牌和其他活动。

三是,社会交往型休闲活动:① 集体野炊;② 朋友谈心;③ 聚餐;④ 结交朋友和其他活动。

四是,体育运动型休闲活动:① 踢足球、打篮球;② 跑步、爬山;③ 打羽毛球、乒乓球;④ 打台球、网球和其他活动。

五是,自我提升型休闲活动:① 口才、外语培训;② 上网查资料;③ 参加讲座;④ 夜校学习其他活动。

(3)农民工休闲制约因素量表。采用李克特五级量表以 1 分、2 分、3分、4 分和 5 分别表示受访者对该题项强烈不赞同、不赞同、中立、赞同、强烈赞同 5 个等级,从结构性制约、人际关系制约以及个人内在制约三个方面设计了有关农民工休闲制约量表。

2. 实验流程设计

(1)本设计以农民工测试者为主体,注重实验人员与农民工测试者的深度交流,来确保实验信息传达的准确性。

(2)选择位于郑州市进城务工的不同性别、不同职业类型、不同年龄阶段的共计 32 名农民工作为测试者参与本次的实验。

(3)开始实验后,实验操作者通过将文字、图片、音乐、影片等媒介形式集成于 PPT 中,来模拟五个区域的休闲环境、休闲基础设施等,让测试者与虚拟的环境产生交互作用,使农民工测试者做出相应的决策。

(4) 农民工测试者在观看 PPT 之后,结合自己的休闲需求,在五个休闲区域选择一个最想进行休闲活动的区域,独立接受有关休闲目的地选择的问卷和访谈。

(5) 实验操作者播放并介绍五种休闲活动具体内涵以及包括的具体的休闲活动,农民工测试者需根据自己的实际情况,对上述五种休闲行为分别进行权重赋值,并确定自己最想参与的休闲活动。

(6) 设置实验休闲费用为 200 元,休闲时间为 1 天。对农民工测试者将要参与休闲活动的产品产生的相关费用进行标注,并记录测试者的休闲活动产品选择。

(7) 在农民工测试者参与休闲活动后,实验操作者对休闲制约因素进行详细阐释,并让农民工测试者根据自己的实验感受,谈论自己最主要的休闲制约因素,并填写休闲制约量表。

(8) 实验过程中实验人员记录各种信息,由实验人员控制和监督,随时提醒农民工测试者的金钱、时间花费状况,直至测试者的金钱或时间全部花费完毕,实验结束。

(9) 在流程设计完之后,首先通过寻找 5 名农民工测试者作为实验对象,进行预测试,在预测试后,结合实验对象提出的相关建议和意见,进一步细化了流程,并最终形成以下的实验流程图,见图 7-1。

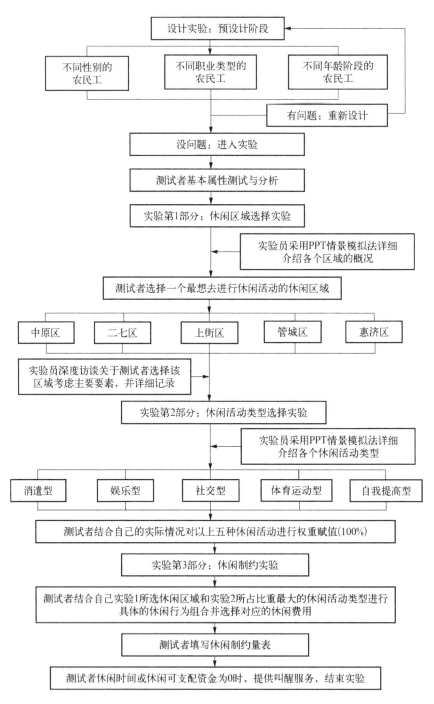

图 7-1 实验流程图

第三节　实验研究结果分析

一、描述性统计分析

农民工样本属性分析

（1）性别。如图 7-2 所示，男性农民工测试者为 18 人，女性农民工测试者为 14 人。整体上看，在本次的实验测试者样本中，男女比例大致均衡。

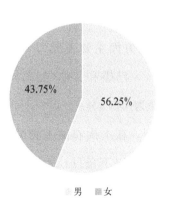

图 7-2　农民工测试者在
性别方面的统计

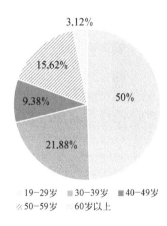

图 7-3　农民工测试者在
年龄方面的统计

（2）年龄。如图 7-3 所示，农民工测试者在 19～29 岁年龄阶段所占样本的比例为 50%，该年龄阶段主要为"新生代"农民工测试者。其次年龄阶段在 30～39 岁的农民工测试者所占比重为 21.88%，这两个阶段一共占样本比重的 71.88%，年龄构成上主要以中青年为主。

（3）教育水平。如图 7-4 所示，农民工测试者在教育水平上所占比重最大的为大学学历，比重为 40.62%，所占比重最小的为研究生学历，比重为 9.37%。

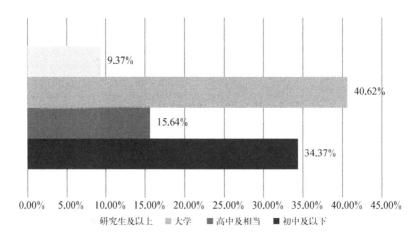

图 7-4　农民工测试者在教育水平方面的统计

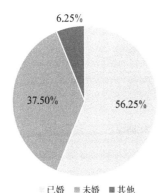

图 7-5　农民工测试者在婚姻状况方面的统计

（4）婚姻状况。如图 7-5 所示,农民工测试者在婚姻状况方面主要表现为未婚,所占比重为 56.25%。已婚和其他(如离异、分居)所占比重共计为 43.75%。

（5）职业类型。在本次农民工测试者职业选择上,必须具备以下条件:拥有农村户口,未获得城市户口的从农村进城务工人员以及部分在城市求学之后并在城市就业的农村籍毕业生。农民工测试者在职业类型上涉及建筑工人、企事业单位人员、自由职业者、餐饮服务人员、培训机构老师以及其他职业,所占的比重分别为 18.75%、25.00%、12.50%、9.38%、12.50%、21.87%。如图 7-6。

（6）年均休闲可自由支配收入。如图 7-7 所示,农民工测试者在 500 元以下、500～1 000 元、1 001～1 500 元、1 501～2 000 元、2 000 元以上,所占比重分别为 18.75%、18.75%、12.50%、21.88%、28.12%,从所占比重的分布上来看,各个阶段的比重相差不大。

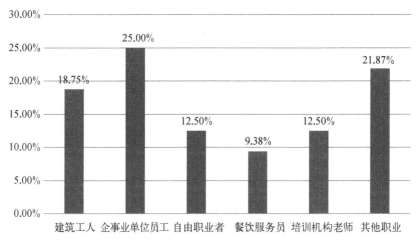

图 7-6　农民工测试者在职业类型方面的统计

（7）年均休闲可自由支配时间。如图 7-8所示,农民工测试者年均休闲可自由支配时间主要集中在 14～30 天和 7～14 天两个类别,所占比重分别为 40.62％和31.25％,共计为 71.87％。而在 7 天及以下和 60 天以上方面,所占比重分别为 3.12％和9.38％,所占比重较少。

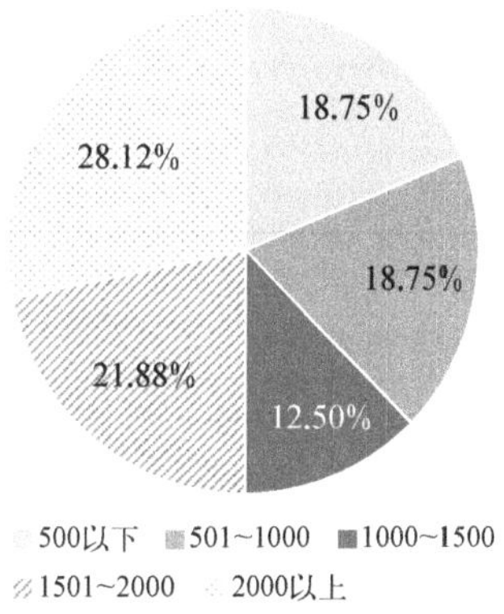

图 7-7　农民工测试者在年均休闲可自由支配收入方面的统计

二、农民工休闲行为分析

1. 农民工对休闲区域选择行为总体分析

从表 7-2 中可知,一共有 10 位农民工测试者选择了郑州市二七区来进行相关的休闲活动,约占样本总数的 31.25％,所占比重最大。其次有 7 位农民工测试者选择了郑州市管城区来进行相关休闲活动,占样本总数的 21.87％。而有 18.75％和 15.63％的农民工测试者分别选择以郑州市中原区,以及郑州市惠济区为进行休闲活动的核心区域;还有

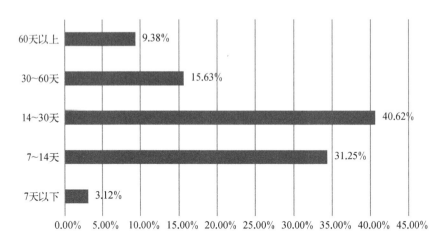

图 7-8　农民工测试者在年均休闲可自由支配时间方面的统计

12.50％的农民工测试者选择以郑州市上街区为进行相关休闲活动的核心区域。

表 7-2　农民工对休闲区域的选择行为总体分析

项　　目	属　　性	频次	频率（100％）
请问您最想去哪一个休闲区域进行相关的休闲活动?	郑州市中原区	6	18.75
	郑州市二七区	10	31.25
	郑州市上街区	4	12.50
	郑州市管城区	7	21.88
	郑州市惠济区	5	15.63
为什么会选择该区域进行休闲活动?	朋友、工友都在这边,有人陪伴(人际关系因素)	8	25.00
	离居住地方近(居住和生活因素)	7	21.88
	工作在该区域,比较熟悉该区域(工作因素)	6	18.75

项　　目	属　　性	频次	频率 (100%)
	交通比较便利(交通可达性因素)	5	15.63
	休闲基础设施完善(休闲设施因素)	5	15.63
	其他原因：请举例(商代古城遗址，老城区，有韵味，适合休闲)	1	3.13

在选择该区域进行休闲活动的影响因素方面，共计8人选择朋友、有人陪伴(人际关系因素)。离居住的地方近(居住和生活因素)是测试者选择在该区域进行休闲活动的最主要的因素，分别有7人和6人。少数测试者选择交通比较便利(交通可达性因素)和休闲基础设施完善(休闲设施因素)作为影响选择在该区域进行休闲活动的主要因素，人数均为5人。

2. 不同性别的农民工测试者对休闲区域的选择差异

根据测试结果与样本访谈，分析和提炼出休闲设施、交通、亲朋好友、居住、工作、环境共计6个影响农民工选择休闲区域的要素，并分析不同性别的农民工测试者对休闲区域选择的要素差异，见表7－3。

表7－3　不同性别的农民工测试者对休闲区域选择的要素差异

性别	休闲设施	交通	亲朋好友	居　　住	工作	环境
男	比较敏感	敏感	非常重视，希望有亲朋好友在附近，有人陪伴	重视，希望离居住的地方近，同时能够熟悉该区域	非常敏感	不敏感
女	不太敏感	敏感	不太重视	重视，选择离居住的地方近以及能够熟悉该区域	不敏感	比较敏感

（1）在休闲设施要素方面,男性农民工测试者相较于女性农民工测试者更敏感。在实验和访谈中,不少男性农民工测试者表达出希望选择的休闲区域能多一些类似篮球场、排球场等休闲基础设施以满足自己的日常休闲需求。而女性农民工测试者较少地表达出希望休闲基础设施完善的需求。

（2）对于交通要素,不论男性农民工测试者还是女性农民工测试者,都对此比较敏感。在实验和访谈中,农民工测试者表示,如果休闲区域交通便利,则可以使自己节约时间,更容易达到休闲区域并参与相应的休闲活动。

（3）在亲朋好友要素方面,男性农民工测试者非常重视这一要素,尤其是对于从事建筑行业的农民工来说,会更加看重该区域是否有亲朋好友在附近生活或者工作,而女性农民工测试者则对此不太重视。

（4）在居住要素方面,男性和女性农民工测试者都比较看重这一要素。在访谈中,他们都希望能够离居住的地方近,因为比较熟悉该区域的休闲设施和休闲环境,从而能够更加方便地参与休闲活动。

（5）对于工作要素,男性农民工测试者相较于女性农民工测试者在进行休闲区域选择时,更加注重这一方面。如一位从事建筑行业的男性农民工说:"我一般下班之后,晚上没事儿的时候,就在工地旁边的篮球场上,打打球,有时候也会跑跑步,不会跑到离工地太远的地方去"。而女性农民工测试者则对此不是太敏感。

（6）在环境要素方面,女性农民工测试者相比较于男性农民工测试者,更加重视这一要素。如一位在企事业单位上班的女性农民工测试者表示"愿意到自然环境美丽的地方去玩儿,我会感到心情不错"。而男性农民工测试者则对这一要素没有提及。

3. 不同职业类型的农民工测试者对休闲区域的选择差异

根据样本属性分析可知,针对建筑工人、企事业单位人员、自由职业者、餐饮服务员以及培训机构老师这五种职业类型展开分析,见表7-4。

表7-4　不同职业类型的农民工测试者对休闲区域选择的要素差异

职　　业	休闲设施	交　　通	亲朋好友	居　　住	工　　作
建筑工人	不敏感	不敏感	非常重视	比较重视	非常敏感
企事业单位员工	比较敏感	比较敏感	比较重视	重　视	敏　感
自由职业者	敏　感	比较敏感	不太重视	比较重视	不敏感
餐饮服务员	不敏感	比较敏感	比较重视	比较重视	不敏感
培训机构老师	不敏感	不敏感	非常重视	重　视	非常敏感

(1)建筑工人。该类受访者样本为6位,对亲朋好友要素和工作要素非常重视和敏感,其次对居住要素比较重视。在实验和访谈中,可以了解到对于大多数从事建筑行业的农民工测试者来说,一般都是亲朋好友一起或者老乡成群结队来工地从事建筑劳动,他们会更加注重亲朋好友等亲情和友情因素,同时需要经常待在建筑工地,所以他们在选择休闲区域时也会看重工作和居住是否在该区域。

(2)企事业单位员工。该类样本的测试者共计8人。对于他们来说,休闲基础设施完善、交通便利、亲朋好友在休闲区域附近,是其比较看重的要素。在访谈中,他们表示拥有完善的基础设施、便利的交通可以一起去休闲区域进行休闲活动,既能够节约时间、又能够体验休闲活动的乐趣。整体上来看,该职业类型的农民工测试者所看重的因素呈现多样化和全面性的特点。

(3)自由职业者。该样本共计4人,对于他们来说,更加看重休闲基础设施是否完善这一要素,其次为交通是否便利和离居住地方的远近。在访谈中,该群体表示自己的时间相对自由,休闲基础设施完善在很大程度上会影响自己对休闲区域的选择。一位从事写作的自由职业者表示"自己喜欢驾车去别的地方走走,看看美丽的风景,寻找写作灵感"。

(4)餐饮服务员。该类样本的农民工测试者共计 3 人,对于他们来说有亲朋好友在附近,离居住的地方近,会首先影响他们进行休闲区域的选择,其次交通要素也会在一定程度上影响他们的休闲区域选择。

(5)培训机构老师。该类受访者样本为 4 人,在 6 个要素中,亲朋好友要素,居住和工作要素,这三个因素均对他们选择休闲区域产生影响。该类人群表示,一般在下班之后,就和亲朋好友一起去健身房健身,练练瑜伽,或者去附近的 KTV 进行唱歌等娱乐活动,因此会比较看重亲朋好友是否在附近,工作以及居住区域是否在休闲区域的附近这类因素。

4. 不同年龄阶段的农民工测试者对休闲区域的选择差异

根据样本属性,针对 19～29 岁、30～39 岁、40～49 岁、50～59 岁这 4 个阶段的年龄群体展开来分析。见表 7 - 5。

表 7 - 5 不同年龄阶段的农民工测试者对休闲区域选择的要素差异

年龄	休闲设施	交通	亲朋好友	居　住	工　作	环境
19～29 岁	敏感	敏感	希望有亲朋好友陪伴	非常重视,希望离居住的地方近	重视	不敏感
30～39 岁	不太敏感	不敏感	希望有朋友陪伴	重视,离居住的地方近,	非常重视能够在工作附近	稍微敏感
40～49 岁	不敏感	不太敏感	不太重视	重视,希望离住的地方近	不重视	不敏感
50～59 岁	敏感	不敏感	希望有朋友陪伴	非常重视,希望离居住的地方近	比较重视	不敏感

（1）19～29 岁年龄阶段的农民工测试者在进行休闲区域选择时更加看休闲区域是否离居住的地方近这类因素,其次为交通和亲朋好友以及工作因素。一位从事软件开发工作 22 岁的农民工测试者表示"自己平时比较宅,喜欢待在家里,打打游戏,所以当然喜欢选择离居住的地方近,如果有朋友在附近,那就更好啦,还可以聚一块打排位"。

（2）30～39 岁年龄阶段的农民工测试者更加看重工作是否在该区域,以及是否离居住的地方近这类要素。该类人群在进行休闲区域选择时,不太注重交通是否便利。一位在民航河南空管分局上班的农民工测试者表示"自己平常下班之后,就是在空管花园小区附近打打篮球,或者在七里河旁边遛遛狗,散散步,也不太喜欢走得太远"。

（3）40～49 岁年龄阶段的农民工测试者更加看重休闲区域是否离自己居住的地方近,大多数受访者表示自己比较熟悉该区域。而对交通,休闲设施,自然环境是否美丽等要素则不太看重。

（4）50～59 岁年龄阶段的农民工测试者本身从事的休闲娱乐活动较为单一,因此在进行休闲区域选择时,他们比较偏向选择休闲区域离居住的地方近,亲朋好友在附近,能够有人陪伴。他们表示"自己下班之后,就喜欢待在工地和工地的老乡打打牌,喝点酒,聊会天儿,没有太多的休闲活动"。

三、农民工测试者对休闲活动的选择分析

1. 农民工对休闲活动的选择总体分析

在进行实验时,采取权重赋值的方式,五种休闲活动类型的权重合计为 100%,结果如表 7－6 所示。由表 7－6 可知,权重所占比例最大的部分是消遣型休闲活动,为 37.19%,其次为娱乐型休闲活动,权重比例为 21.56%,社会交往型休闲活动和体育运动型休闲活动所占权重比例

分别为 16.88% 和 14.53%；自我提升型休闲活动所占比重最小，为 9.84%。

表 7-6　农民工测试者对休闲活动的选择总体分析

类　　　型	所占比重	具体休闲行为(频数)	人均费用（元）
消遣型休闲活动	37.19%	观看电视节目(14)	65.93
		微信、QQ 聊天(13)	
		逛街和逛公园(11)	
		手机游戏(5)	
娱乐型休闲活动	21.56%	去影院看电影(3)	62
		KTV 唱歌(4)	
		跳舞(广场舞)(1)	
		打扑克、棋牌(2)	
社会交往型休闲活动	16.88%	集体野炊(1)	43.33
		聚餐(3)	
		结交朋友(2)	
体育运动型休闲活动	14.53%	踢足球、打篮球(6)	70
		跑步、爬山(4)	
		打羽毛球、乒乓球(1)	
		打台球、网球(3)	
		其他休闲活动如：健身(1)	
自我提升型休闲活动	9.84%	上网查资料(1)	90
		参加讲座(1)	
		口才外语培训(1)	

（1）在消遣型休闲活动中，观看电视节目是农民工测试者经常参加的休闲活动。频数为 14。年龄在 30 岁以上的农民工测试者，喜欢和家人或者朋友一起观看电视连续剧进行消遣，而对于游戏则很少参与其中。其平均每人休闲消费为 65.93 元，消费金额位居第三位。

（2）在娱乐型休闲活动中，企事业单位上班的农民工测试者大多会选择去 KTV 唱歌，去电影院看电影等休闲活动。一方面缓解工作压力，另一方面结交一些朋友，增进朋友感情。而对于打扑克牌、棋牌等也会参与，但参与频数不高。农民工测试者在该类休闲活动平均每人消费为 62 元，位居第四位。

（3）在社会交往型休闲活动中，农民工测试者一般选择集体野炊，聚餐，等具体的休闲活动，其中聚餐是其经常参与的休闲活动，频数为 3。在该类型的休闲活动中，平均每人休闲消费为 43.33 元，消费金额位居最后，是一种经济适用型的休闲活动。

（4）在体育运动型休闲活动中，农民工测试者喜欢参与的休闲活动包括：打篮球；跑步、爬山；打台球等，其中参与踢足球、打篮球是其最经常参与的休闲活动，频数为 6。该种类型的休闲活动平均每人的消费金额为 70 元，位居第二位，说明参与该类休闲活动消费水平较高，参与此类休闲活动，需要购买相应的装备（如篮球、羽毛球拍等），这也是一笔不少的支出。

（5）在自我提升型休闲活动中，农民工测试者喜欢参与的休闲活动包括：上网查资料；参加讲座等休闲活动，而在该种类型的休闲活动中，平均每人的消费金额为 90 元，位居首位。事实上，很少有农民工测试者参与该类休闲活动，一方面因为需要花费不少的培训费，另一方面，受自己知识能力水平的限制，参加培训后，自己的经济收入并没有太大的提高，投入和收入差距太大。

2. 不同性别的农民工测试者对休闲活动的选择差异

根据实验问卷数据,通过分析不同性别的农民工测试者对休闲活动的选择差异,整理后汇总如表7-7所示。

表7-7 不同性别的农民工测试者对休闲活动的具体选择

性别	消遣型	娱乐型	社会交往型	体育运动型	自我提升	人均费用(元)
男性	观看电视节目(10)	去影院看电影(1)	聚餐(1)	踢足球、打篮球(6)		74.17
	微信、QQ(11)	KTV唱歌(2)	结交朋友(1)	跑步、爬山(4)		
	逛街和逛公园(7)	扑克牌、棋牌等(1)		打羽毛球、乒乓球(1)		
	手机游戏(5)			打台球、网球(3)、健身(1)		
女性	观看电视节目(4)	去影院看电影(2)	集体野炊(1)		上网查资料(1)	47.86
	微信、QQ聊天(2)	KTV唱歌(2)	结交朋友(1)		参加讲座(1)	
	逛街和逛公园(4)	跳舞(广场舞)(1)			口才、外语培训(1)	
		扑克牌、棋牌等(1)				

(1) 对于男性农民工测试者来说,喜欢参与的休闲活动包括消遣型休闲活动中的观看电视节目,频数为10;微信、QQ聊天,频数为11;逛街和逛公园,频数为7;这些具体的休闲活动是男性农民工测试者经常参与的休闲活动。而对自我提升型休闲活动,男性农民工测试者则没有人参与此类休闲活动。整体上,比较偏好于消遣型休闲活动和体育运动型休闲

活动。而平均每人休闲消费费用为 74.17 元,远高于对女性农民工测试者。

(2) 对于女性农民工测试者来说,其参与的休闲活动主要集中在消遣型休闲活动,具体包括观看电视节目,频数为 4;逛街和逛公园,频数为 4。而对于其他的休闲活动,女性农民工测试者则很少参与。对于体育运动型休闲活动,女性农民工测试者则没有人参与此类休闲活动。同时平均每人休闲消费费用为 47.86 元,整体休闲消费金额并不高。

(3) 整体上来看,在参与休闲活动频数方面,与男性农民工受访者相比,女性农民工测试者参与休闲活动的频次低于男性农民工测试者,女性的平均每人休闲消费费用为 47.86 元,远远低于男性的平均每人休闲消费金额 74.17 元。

3. 不同职业类型的农民工测试者和对休闲活动的选择差异

在不同职业类型方面,对建筑工人、企事业单位员工、自由职业者、餐饮服务人员以及培训机构老师这五种职业类型展开分析,见表 7-8。

表 7-8 不同职业类型的农民工测试者对休闲活动的具体选择

类型	消遣型	娱乐型	社会交往型	体育运动型	自我提升型	人均费用(元)
建筑工人	观看电视节目(5)					39.33
	微信、QQ聊天(4)					
	逛街(2)					
	手机游戏(2)					
企事业单位员工	观看电视节目(2)	去影院看电影(2)	聚餐(2)	踢足球、打篮球(1)	口才、外语培训(1)	71.88

续　表

类型	消遣型	娱乐型	社会交往型	体育运动型	自我提升型	人均费用(元)
	微信、QQ聊天(1)	KTV唱歌(2)	集体野炊(1)	跑步、爬山(1)	上网查资料(1)	
	逛街和逛公园(2)		结交朋友(1)		参加讲座(1)	
	手机游戏(2)					
自由职业者	观看电视节目(1)			踢足球、打篮球(3)		68.75
	逛街和逛公园(1)			跑步、爬山(2)		
				打台球、网球(2)		
				打羽毛球、乒乓球(1)		
餐饮服务员	观看电视节目(2)	跳舞(1)				60
	微信、QQ聊天(2)					
	逛街和逛公园(2)					
培训机构老师	微信、QQ聊天(1)	KTV唱歌(1)		踢足球、打篮球(2)		61.25
		扑克牌、棋牌等(1)		跑步、爬山、健身(1)		
				打台球、网球(1)		

(1) 对于从事建筑行业的农民工测试者来说,主要的休闲活动集中在消遣型休闲活动,具体的休闲活动包括观看电视节目、微信、QQ聊天。而

对于娱乐型休闲活动、社会交往型休闲活动、体育运动型休闲活动以及自我提升型休闲活动，从事建筑行业的农民工测试者没有涉及，说明整体上该类人群的休闲活动较为单一。与此相符合的是，该类人群的平均每人休闲消费费用为 39.33 元，消费金额位居最后。

（2）对于企事业单位的员工来说，其参与的休闲活动种类比较多，在消遣型休闲活动、娱乐型休闲活动、社会交往型休闲活动、体育运动型休闲活动、自我提升型休闲活动等休闲活动类型均有涉及，参与的休闲种类也比较丰富。该类人群的平均每人休闲消费费用为 71.88 元，位居首位。

（3）对于自由职业者来说，其参与休闲活动类型主要集中在消遣型休闲活动以及体育运动型休闲活动。而在娱乐型休闲活动、社会交往型休闲活动，以及自我提升型休闲活动中，该类人群则没有参与其中。平均每人休闲消费费用为 68.75 元，位居第二位。在实验和访谈中，可以了解到自由职业者有一定的经济基础，他们大多数表示不介意花费一定的费用购买相关的运动设备。

（4）对于餐饮服务员来说，其主要的休闲活动为消遣型休闲活动，如观看电视节目、微信、QQ 聊天，以及逛街和公园，没有参与社会交往型休闲活动、体育运动型休闲活动以及自我提升型休闲活动，整体上，参与的休闲活动较为单一。平均每人休闲消费费用方面，其消费金额为 60 元，位居第四位，整体消费金额并不高。

（5）对于从事培训机构老师来说，其从事的休闲活动相对丰富，涉及消遣型休闲活动，如微信、QQ 聊天以及体育运动型休闲活动，如踢足球、打篮球、爬山等。平均每人休闲消费费用方面，该类人群的消费金额为 61.25 元，在所有的农民工测试者职业类型中，位居第三位。

4. 不同年龄阶段的农民工测试者对休闲活动的选择差异

对 19～29 岁、30～39 岁、40～49 岁、50～59 岁这四个年龄阶段的

农民工测试者展开分析,见表7-9。

表7-9 不同年龄阶段的农民工测试者对休闲活动的具体选择

年龄	消遣型	娱乐型	社会交往型	体育运动型	自我提升型	人均费用(元)
19~29岁	观看电视节目(5)	去影院看电影(2)	集体野炊(1)	踢足球、打篮球(5)		65.31
	微信、QQ聊天(4)	KTV唱歌(2)	聚餐(2)	跑步、爬山(4)		
	逛街和逛公园(4)		结交朋友(1)	打羽毛球、台球(3)		
	手机游戏(4)			健身(1)		
30~39岁	观看电视节目(2)	去影院看电影(1)		踢足球、打篮球(1)	口才、外语培训(1)	54.29
	微信、QQ聊天(4)	KTV唱歌(2)		打台球、网球(1)	上网查资料(1)	
	手机游戏(2)	扑克牌、棋牌等(2)			参加讲座(1)	
40~49岁	观看电视节目(2)		聚餐(1)			43.33
	微信、QQ聊天(2)		结交朋友(1)			
	逛街和逛公园(1)					
50~59岁	观看电视节目(5)	跳舞(1)				40
	微信、QQ聊天(3)					
	逛街(2)					

（1）年龄阶段在 19～29 岁的农民工测试者，其参与的休闲活动多种多样，涉及消遣型休闲活动，如观看电视节目以及手机游戏；娱乐型休闲活动，如去影院看电影，KTV 唱歌；社会交往型休闲活动如集体野炊，聚餐；体育运动型休闲活动如踢足球，打篮球等。在这所有的休闲行为中，该群体经常参与的休闲活动为观看电视节目，打篮球等。该年龄阶段的平均每人休闲消费费用为 65.31 元，消费金额位居第一，此年龄阶段的农民工测试者为"新生代"农民工，休闲需求也较为多样化，参与的休闲活动也较为多样，因此休闲花费也较大。

（2）年龄阶段在 30～39 岁农民工测试者，参与的休闲活动同样比较丰富，涉及消遣型休闲活动，娱乐型休闲活动，体育运动型休闲活动以及自我提升型休闲活动。在这四种休闲活动类型中，其经常参与的休闲活动包括微信、QQ 聊天等。该年龄阶段的平均每人休闲消费费用为 54.29元，位居第二。

（3）年龄阶段在 40～49 岁的农民工测试者，参与的休闲活动类型较为单一，主要集中在消遣型休闲活动和社会交往型休闲活动，但是从具体的休闲活动行为频次上来看，其参与观看电视节目，频次并不高，说明该年龄阶段的农民工测试者参与休闲活动单一且参与积极性并不高。在该年龄阶段的平均每人休闲消费金额为 43.33 元，低于 19～29 岁和 30～39岁两个年龄段的农民工测试者。

（4）年龄阶段在 50～59 岁的农民工测试者，其参与的休闲活动类型同样较为单一，主要集中在消遣型休闲活动和娱乐型休闲活动。参与的具体的休闲活动主要包括观看电视节目和微信、QQ 聊天。由此可知，该年龄阶段的农民工测试者休闲活动没有涉及自我提升、体育运动等相对层次较高的休闲活动。而从平均每人休闲消费金额上来看，该年龄阶段的消费金额为 40 元，在所有年龄阶段中，位居最后，与 19～29 岁年龄阶段的"新生代"农民工消费金额差距较大。

四、农民工休闲制约分析

1. 不同性别农民工测试者休闲制约因素差异分析

从结构性制约、人际关系制约和个人内在制约三个方面,设计了农民工休闲制约量表,共计 15 个测量题项。具体包括:缺乏充足的闲暇时间参与 X1、缺乏足够的金钱参与 X2、往返的交通费用昂贵 X3、休闲场所的设施不健全 X4、休闲场所的社会治安不好 X5、朋友没有时间陪同自己参与 X6、家人没有时间陪同自己参与 X7、缺少家庭的支持 X8、缺少同伴的支持 X9、承担家庭责任而无法参与 X10、没有足够的兴趣参与 X11、没有足够的能力参与 X12、参与休闲会伤害自己的自尊心 X13、参与休闲会让自己尴尬 X14、参与休闲会让自己焦虑 X15。

采用李克特五级量表以 1 分、2 分、3 分、4 分和 5 分别表示受访者对该题项强烈不赞同、不赞同、中立、赞同、强烈赞同 5 个等级。同时由于本次实验共计有 35 名农民工测试者参与实验,并最终选取了 32 名农民工测试者作为本次实验分析和研究的样本,从性别方面,进行独立性样本 t 检验。本次在性别方面的独立性样本 t 检验的结果如表 7 - 10 所示。

表 7 - 10 休闲制约因素在不同性别的农民工之间的 t 检验

制 约 因 素	性别	人数	平均值	标准差	t 值
缺乏充足的闲暇时间参与	男	18	4.06	1.162	6.335**
	女	14	1.50	1.092	
缺少家庭的支持	男	18	1.67	0.840	−11.367*
	女	14	4.57	0.514	

续　表

制　约　因　素	性别	人数	平均值	标准差	t 值
承担家庭责任无法参与	男	18	4.06	0.725	7.655**
	女	14	2.07	0.730	
没有足够的兴趣参与	男	18	1.78	0.878	−6.661**
	女	14	3.71	0.726	

注：* 表示在 0.05 的水平上统计差异具有显著性，** 表示在 0.01 的水平上统计差异具有显著性。

由表 7-10 可知，在休闲制约因素上，仅有缺乏充足的闲暇时间参与 X1、缺少家庭的支持 X8、承担家庭责任无法参与 X10、没有足够的兴趣参与 X11 共计 4 个休闲制约因素通过了显著性检验。与男性农民工测试者相比，女性农民工测试者认为缺乏充足的闲暇时间参与 X1（t 值为 6.335，P 值小于 0.01）、承担家庭责任无法参与 X10（t 值为 7.655，P 值小于 0.01）和没有足够的兴趣参与 X11（t 值为 −6.661，P 值小于 0.01）3 个休闲制约因素程度更加明显，其次为缺少家庭的支持 X8（t 值为 −11.367，P 值小于 0.05）。在这些制约因素方面，男性农民工测试者在缺乏充足的闲暇时间参与 X1 的平均值为 4.06，而女性农民工测试者为 1.50，在承担家庭责任无法参与 X10 方面，男性农民工的平均值为 4.06，女性农民工测试者为 2.07，男性农民工需要花费大量的时间和精力照顾家庭和承担责任，相较于女性农民工来说，在这两个制约因素上更加明显。

而在缺少家庭的支持 X8 和没有足够的兴趣参与 X11 方面，女性农民工测试者的平均值分别为 4.57 和 3.71，男性农民工测试者的平均值为 1.67 和 1.78。整体上，相比较于男性农民工测试者，女性农民工测试者参与休闲活动时，需要考虑到家庭因素，照顾家庭和子女，因此较少获得家庭的支持,同时在兴趣方面也低于男性农民工测试者。

2. 不同职业类型的农民工测试者休闲制约因素差异分析

使用单因素方差分析方法进行方差分析。在对不同职业类型的农民工测试者在休闲制约因素进行单因素方差分析时,首先进行方差齐性检验,结果如表 7 - 11 所示。

表 7 - 11 不同职业类型的农民工测试者休闲制约因素方差齐性检验

制约因素	职业类型	频数	平均值	标准差	方差齐性检验（显著性）
缺少同伴的支持	建筑工人	6	3.50	1.761	0.284
	企事业单位员工	8	2.75	1.669	
	自由职业者	4	4.00	2.000	
	其他职业	7	3.14	1.464	
	餐饮服务员	3	1.00	0.000	
	培训机构老师	4	2.50	1.915	
没有足够的兴趣参与	建筑工人	6	2.67	1.211	0.159
	企事业单位员工	8	2.75	1.282	
	自由职业者	4	1.25	0.500	
	其他职业	7	2.57	1.272	
	餐饮服务员	3	4.33	0.577	
	培训机构老师	4	2.50	1.000	
参与休闲会伤害自己的自尊心	建筑工人	6	2.00	0.894	0.125
	企事业单位员工	8	1.38	0.518	
	自由职业者	4	1.00	0.000	

续　表

制约因素	职业类型	频数	平均值	标准差	方差齐性检验 （显著性）
	其他职业	7	1.57	0.787	
	餐饮服务员	3	2.67	0.577	
	培训机构老师	4	1.50	0.577	

由表 7-11 可知,在不同职业类型的农民工测试者休闲制约因素方面,共有缺少同伴的支持 X9、没有足够的兴趣参与 X11、参与休闲会伤害自己的自尊心 X13 通过了方差齐性检验。当 P 值大于 0.05,说明方差齐性,之后进行单因素方差分析,整理后如表 7-12 所示。

表 7-12　不同职业类型的农民工测试者休闲制约因素单因素方差分析

制约因素		平方和	自由度	均　方	F	显著性
缺少同伴的支持	组间	10.254	5	2.051	2.606	0.049
	组内	20.464	26	0.787		
没有足够的兴趣参与	组间	16.536	5	3.307	2.608	0.049
	组内	32.964	26	1.268		
参与休闲会伤害自己的自尊心	组间	6.244	5	1.249	2.885	0.033
	组内	11.256	26	0.433		

由表 7-12 单因素方差分析(ANOVA)结果可知,在休闲制约因素方面,缺少同伴的支持 X9、没有足够的兴趣参与 X11、参与休闲会伤害自己的自尊心 X13 的 P 值分别为 0.049,0.049,和 0.33 均小于 0.05,说明在不同职业类型中,农民工测试者在这些制约因素之间是存在显著差

异性的,之后进行事后测试多重比较,结果如表 7-13 所示。

表 7-13　不同职业类型的农民工测试者休闲制约因素多重比较

制约因素	职业(I)	职业(J)	平均值差值 (I−J)	标准误差	显著性
缺少同伴的支持	建筑工人	企事业单位员工	1.083*	0.479	0.032
		自由职业者	1.583*	0.573	0.010
		其他职业	1.405*	0.494	0.009
		餐饮服务员	1.167	0.627	0.074
		培训机构老师	0.333	0.573	0.566
没有足够的兴趣参与	餐饮服务员	建筑工人	1.667*	0.796	0.046
		企事业单位员工	1.583*	0.762	0.048
		自由职业者	3.083*	0.860	0.001
		其他职业	1.762*	0.777	0.032
		培训机构老师	1.833*	0.860	0.043
参与休闲会伤害自己的自尊心	建筑工人	自由职业者	1.000*	0.425	0.026
	餐饮服务员	建筑工人	0.667	0.465	0.164
		企事业单位员工	1.292*	0.445	0.007
		自由职业者	1.667*	0.503	0.003
		其他职业	1.095*	0.454	0.023
		培训机构老师	1.167*	0.503	0.028

通过对不同职业类型的农民工测试者休闲制约因素进行事后测试多重比较可得如下特点。

（1）对于缺乏同伴的支持 X9 这一制约因素，从事建筑行业和企事业单位人员，自由职业者以及其他职业（如出租车司机，个体户）的农民工测试者之间存在明显的差异，其 P 值分别为 0.032、0.010、0.009 均小于0.05，在实验和访谈中，可以了解到对于从事建筑行业的农民工测试者来说，自己身边的工友大很少参与休闲活动，也很难找到同伴一起参与休闲活动，所以相比较于其他职业类型的农民工测试者，从事建筑行业的农民工测试者在缺乏同伴的支持 X9 因素上制约较大。

（2）在没有足够的兴趣参与 X11 制约因素方面，从事餐饮和建筑、企事业单位、自由职业者、其他职业、培训机构老师的农民工在测试者之间存在明显的差异，其 P 值分别为 0.046、0.048、0.001、0.032、0.043 均小于0.05，在本次实验中，餐饮服务员均为女性农民工测试者，相较于男性农民工测试者，无论是在参与休闲活动的积极性还是在对参与休闲活动的兴趣方面，都低于男性。因此对于从事餐饮服务行业的女性农民工测试者受没有足够的兴趣参与 X11 这一制约因素影响较大。同时在自由职业者和企事业单位员工中，其 P 值为 0.039，小于 0.05。说明两种职业类型之间也存在显著差异。与企事业单位员工相比，由于工作性质的原因，自由职业者时间相对充足和弹性，也愿意尝试新鲜事物，对休闲活动保持较大的兴趣，因此受没有足够的兴趣参与 X11 制约因素的影响低于企事业单位员工。

（3）在参与休闲会伤害自己的自尊心 X13 方面，从事餐饮和企事业单位、自由职业、其他职业、培训机构老师的农民工测试者 P 值为 0.007、0.003、0.023、0.028 小于 0.05，说明这些职业类型之间存在显著差异，相较于企事业单位、自由职业、其他职业、培训机构老师的农民工测试者，餐饮服务员在这方面受到的制约更加明显，在实验和访谈中，餐饮服务员表示他们有时候参与休闲活动时，比如跳舞，会因为跟不上节奏，在受到别人

的嘲笑时,会影响到自己的自尊心。自由职业者和建筑工人的 P 值为
0.026,小于 0.05,同样存在显著差异,相较于从事建筑行业的农民工来说,
自由职业者受这一方面的制约较低。

3. 不同年龄阶段的农民工测试者休闲制约因素差异分析

在不同年龄阶段的农民工测试者方面,共分为 19～29 岁、30～39 岁、
40～49 岁、50～59 岁四个阶段,其分组变量为 4 项,首先进行方差齐性检
验,其结果如表 7-14。

表 7-14　不同年龄阶段的农民工测试者休闲制约因素方差齐性检验

制约因素	年龄阶段	频数	平均值	标准差	方差齐性检验 (显著性)
缺乏足够的金钱参与	19～29 岁	14	1.93	0.917	0.057
	30～39 岁	9	2.33	0.866	
	40～49 岁	3	4.33	0.577	
	50～59 岁	6	2.00	1.549	
朋友没有时间陪同自己参与	19～29 岁	14	2.29	1.204	0.074
	30～39 岁	9	3.33	0.707	
	40～49 岁	3	4.00	0.000	
	50～59 岁	6	2.50	1.049	

由表 7-14 可知,农民工测试者休闲制约因素只有缺乏足够的金钱
参与 X2 和朋友没有时间陪同自己参与 X6 通过了齐性检验,其 P 值分
别为 0.057 和 0.074 均大于 0.05。可以采用方差分析。之后对不同年
龄阶段的农民工测试者休闲制约因素进行单因素方差分析其结果如表
7-15 所示。

表7-15 不同年龄阶段的农民工测试者休闲制约因素单因素方差分析

制约因素		平方和	自由度	均 方	F	显著性
缺乏足够的金钱参与	组间	14.874	3	4.958	4.691	0.009
	组内	29.595	28	1.057		
朋友没有时间陪同自己参与	组间	11.112	3	3.704	3.657	0.024
	组内	28.357	28	1.013		

由表7-15可知,在休闲制约因素方面,缺乏足够的金钱参与 X2 和朋友没有时间陪同自己参与 X6 的 P 值分别为 0.009,0.024,均小于0.05,说明对于不同年龄阶段的农民工测试者,在这些制约因素之间是存在显著差异性的。下一步进行事后测试多重比较,其结果如表7-16所示。

表7-16 不同年龄阶段的农民工测试者休闲制约因素多重比较

制约因素	年龄(I)	年龄(J)	平均值差值(I-J)	标准误差	显著性
缺乏足够的金钱参与	40～49 岁	19～29 岁	2.405*	0.654	0.001
		30～39 岁	2.000*	0.685	0.007
		50～59 岁	2.333*	0.727	0.003
朋友没有时间陪同自己参与	19～29 岁	30～39 岁	−1.048*	0.430	0.021
		40～49 岁	−1.714*	0.640	0.012
	40～49 岁	19～29 岁	1.714*	0.640	0.012
		50～59 岁	1.500*	0.712	0.044

由表 7 - 16 可知以下特点。

（1）对于缺乏足够的金钱参与 X2 这一制约因素，40～49 岁年龄阶段的农民工测试者和 19～29 岁、30～39 岁、50～59 岁年龄阶段之间存在明显的差异，其 P 值分别为 0.001、0.007、0.003 均小于 0.05。在实验和方法中，可以了解到 40～49 岁年龄阶段相较于其他年龄阶段，在照顾家庭子女和养老方面需要承担更多的经济压力，所以受缺乏足够的金钱参与 X2 这一因素制约更加明显。

（2）在朋友没有时间陪同自己参与 X6 制约因素方面，19～29 岁年龄阶段的农民工测试者和 30～39 岁、40～49 岁年龄阶段的农民工测试者之间存在明显的差异，其 P 值分别为 0.021、0.012 均小于 0.05，对于 19～29 岁年龄阶段的农民工来说，朋友相较于其他年龄阶段的农民工测试者也多，时间相对充足，因此受朋友没有时间陪同自己参与 X6 这一因素制约较小。同时在 40～49 岁年龄阶段的农民工测试者和 50～59 岁年龄阶段的农民工测试者之间，其 P 值为 0.044 小于 0.05，说明两种年龄阶段的农民工测试者之间也存在显著差异，相较于 50～59 岁年龄阶段的农民工测试者来说，40～49 岁年龄阶段的农民工测试者的朋友大多需要承担更多的家庭责任和义务，空闲时间也相对较少，因此，在受朋友没有时间陪同自己参与 X6 这一制约因素影响更大。

第四节　结论与建议

一、研究结论

本文在借鉴国内外相关研究成果的基础上，根据实验人文地理学的相关理论知识，综合运用文献分析法、问卷调查法、访谈法以及 PPT 情景模拟法,设计了完整的实验流程问卷,并通过运用 SPSS24.0 数据分析软件,对郑州市农民工休闲行为及制约因素进行了实验和分析,具体结论如下。

第一,在农民工测试者对休闲区域选择方面,31.25%农民工测试者选择以郑州市二七区为进行相关休闲活动的核心区域。21.88%的受访者选择以郑州市管城区为进行相关休闲活动的核心区域;18.75%和15.63%的受访者分别选择以郑州市中原区,以及郑州市惠济区为进行休闲活动的核心区域。朋友、有人陪伴等人际关系因素是最主要的因素,其所占比例为 21.88%,这说明要多加强对农民工测试者的人文关怀,重视他们的人际需求。

第二,不同性别、不同职业类型、不同年龄阶段的农民工测试者在对休闲区域进行选择时,看重的要素存在差异。首先,在性别方面,男性农民工测试者更加看重休闲设施、工作等要素,而女性农民工测试者则更加看重周围自然环境是否满足自己的休闲需求。在职业类型方面,对于从事建筑行业的农民工测试者来说,更加看重亲朋好友和工作因素。对于在企事业单位工作的农民工测试者来说,对于休闲设施、交通、亲朋好友、居住、工作和环境要素都非常看重。对于从事自由职业的农民工测试者来说,更加注重休闲基础设施是否完善要素。而从事餐饮服务工作和从事培训行业的农民工测试者,更加看重亲朋好友、居住和工作等要素。最后,在不同年龄阶段方面,19~29 岁年龄阶段的农民工测试者更加看重交通、居住、亲朋好友、居住和工作等要素,30~39 年龄阶段的农民工测试者更加看重工作、居住因素。40~49 岁年龄阶段的农民工更加看重居住要素,对于50~59 岁阶段的农民工测试者来说,亲朋好友、居住等要素是其最重视的要素。

第三,在农民工测试者对休闲活动选择方面,37.19%的农民工测试者选择消遣型休闲活动、21.56％的农民工测试者选择娱乐型休闲活动。而在平均每人休闲消费金额方面,自我提升休闲活动消费金额为 90 元名排名第一,说明加强农民工测试者在自我提升休闲活动的休闲参与时,需要平衡好农民工参与意愿和经济花费。

第四,不同性别、不同职业类型、不同年龄阶段的农民工测试者在休闲活动上存在明显差异。首先在性别方面,男性农民工测试者更加看重体育运动的休闲活动,需要建立和完善相应的体育休闲设施,针对女性农民工测试者需要进一步满足其对于自我提升休闲活动的需求。其次,在职业类型方面,对于从事建筑行业的和餐饮服务行业的农民工测试者,主要集中在消遣型休闲活动和娱乐型休闲活动。而企事业单位农民工测试者,则对休闲活动的选择更加多元化,休闲消费费用也最高,为 71.88 元。对于从事自由职业和培训行业的农民工测试者来说,主要集中在消遣型休闲活动、娱乐型休闲活动和体育运动型休闲活动。最后在不同年龄阶段方面,19～29 岁和 30～39 岁年龄阶段的农民工测试者参与休闲活动种类较多,其平均每人消费费用分别为 65.31 元和 54.29 元,位居前两名。而对于 40～49 岁和 50～59 岁年龄阶段的农民工测试者来说,其参与的休闲活动类型较少,主要集中在消遣型休闲行为和娱乐型休闲行为,平均休闲消费费用也较低。

第五,在农民工测试者休闲制约因素方面,通过运用独立性样本 t 检验、单因素方差检验分析发现,首先在性别方面,女性测试者农民工认为缺乏充足的闲暇时间参与 X1、承担家庭责任无法参与 X10 和没有足够的兴趣参与 X11 这 3 个休闲制约因素程度更加明显。男性农民工在缺乏充足的闲暇时间参与 X1 和承担家庭责任无法参与 X10 受制约较大,而女性农民工测试者参与休闲活动时,需要兼顾到家庭因素,因此较少获得家庭的支持。在不同职业类型方面,在缺乏同伴的支持 X9,没有足够的兴趣参与 X11,参与休闲会伤害自己的自尊心 X13 不同职业类型之间存在差异。对于从事建筑行业的农民工测试者来说,相比较于其他职业类型的农民工测试者,受缺乏同伴的支持 X9 这一因素影响较大。餐饮服务人员受没有足够的兴趣参与 X11 制约较大。相较于自由职业者,企事业单位人员中受没有足够的兴趣参与 X11 制约因素影响较大。最后对于不同年龄阶段的农民工测试者,缺乏足够的金钱参与 X2 和朋友没有时间陪同自己参与 X6 存在明显的差异。40～49 岁年龄阶段相较于其他年龄阶段,受缺乏足够的金钱参与 X2 和朋友没有时间陪同自己参与 X6 这两个因素制约更加明显。相较于其他年龄阶段的农民工测试者,对于 19～29 岁年龄阶段的农民工来说,朋友相较于其他年龄阶段的农民工测试者较多,因此受朋友没有时间陪同自己参与 X6 这一因素制约较小。

二、相关建议

为了进一步提高农民工测试者的休闲参与,帮助其克服在参与过程中的制约因素,结合本文研究结论,提出相关建议如下。

第一,加强人文关怀,重视农民工的情感需求。农民工测试者在选择休闲区域时,朋友、有人陪伴等人际关系因素是其最为看重的因素,可见在促进和提高农民工休闲需求方面,相关单位要更加重视这一要素,组织相关的团建、老乡聚会等休闲活动,加强人文关怀,进一步满足农民工在休闲方面的情感需求。

第二,加大休闲基础设施建设,满足农民工的休闲需求。对于从事建筑行业和餐饮服务行业的农民工测试者来说,很少参与体育运动类的休闲行为。受制于实际条件,工地和饭店附近往往没有相应的基础设施,比如篮球场、足球场等。因此,政府机构要加大相应的休闲基础设施建设,满足他们的休闲需求。

第三,加强对农民工的知识文化培训,并给以相应的补贴。对于从事建筑行业、餐饮服务行业的农民工来说,很少参与自我提升类型休闲活动,一方面是因为在平时的工作之后,并没有相应的活动可以参加;另一方面是,参加培训的费用太高,负担不起。因此政府机构和相关单位,要重视农民工在自我提升型休闲活动的需求,并进行相应的补助,减轻他们的经济负担。

第四,政府和相关机构需要重视"新生代"农民工的休闲需求。与老一代农民工相比,我们可以发现年龄在19~29岁和30~39岁阶段的"新生代"农民工的休闲需求更加多样化,在消遣型、娱乐型、社会交往、体育运动、自我提升五种类型的休闲活动中,均有参与。政府和相关机构要更加关注这一群体的休闲需求,进一步满足他们的需求。

第五,针对不同性别的农民工测试者采取不同的措施,满足其需求。对于男性农民工测试者来说,比较喜欢参与体育休闲活动,政府机构可以因地制宜地建立相应的休闲基础设施。而女性农民工测试者比较重视喜欢参与跳舞、唱歌等休闲活动,相关单位可以建立舞蹈队,举办唱歌比赛,进一步满足其需求。

参考文献:

[1] 高原.上海市大学生休闲感知与休闲行为研究[D].上海:上海师范大学,2017.

[2] 邱亚君.休闲体育行为发展阶段限制因素研究——一个假设性理论框架[J].体育科学,2008,028(001):71-75,81.

[3] 马惠娣,张景安.中国公众休闲状况调查[M].北京:中国经济出版社,2004.

[4] ROBINSON J P, GODBEY G. Time for life: the surprising ways Americans use their time[M]. 1997.

[5] 卿前龙.西方休闲研究的一般性考察[J].自然辩证法研究,2005,(01):91-

93＋112.

［6］MICHAE J A，GRANT C，BOB G. Leisure time physical activity differences among older adults from diverse socioeconomic neighborhoods［J］. Health & Place，2009，15：482－490.

［7］TINSLEY H，KASS R A. The latent structure of need satisfying properties of leisure activities［J］. Journal of Leisure Research，1979，11(4)：278－291.

［8］WEISSINGER E，BANDALOS D L. Development，Reliability and Validity of a Scale to Measure Intrinsic Motivation in Leisure［J］. Journal of Leisure Research，1995，27(4)：379－400.

［9］NEIL GARR. A study of gender differences：young tourist behavior in a UK coastal resort［J］. Tourism Management，1999(20)：223－228.

［10］赵莹，柴彦威，桂晶晶.中国城市休闲时空行为研究前沿［J］.旅游学刊，2016(9)：30－40.

［11］齐兰兰，周素红.广州不同阶层城市居民日常家外休闲行为时空间特征［J］.地域研究与开发，2017，36(5)：57－63.

［12］陶伟，郑春霞.女性日常休闲行为的时空结构特征——以广州高校女性教职工为例［J］.地域研究与开发，2009，28(3)：80－83.

［13］郑群明，贺小荣，陈耿.农村居民闲暇生活特征研究——以湖南省为例［J］.人文地理，2004(01)：17－21.

［14］CRAWFORD D W. Reconceptualizing barriers to family leisure［J］. Leisure Sciences，1987，Vol 9，No 2.

［15］JACKSON E L，RUCKS V C. Negotiation of Leisure Constraints by Junior-High and High-School Students：An Exploratory Study［J］. Journal of Leisure Research，1995.

［16］HENDERSON K，BEDINI L，HECHT L，et al. Women with physical disabilities and the negotiation of leisure constraints［J］. Leisure Studies，1995，

14(1)：17－31.

[17] 周静,周伟.休闲限制理论对大学生锻炼行为阻碍因素的探究[J].南京体育学院学报(社会科学版),2009,23(01)：49－53＋104.

[18] 陈柳翠.南昌市空巢老人休闲现状及制约因素研究[D].南昌：江西师范大学,2017.

[19] ARAB-MOGHADDAM N, SHEIKHOLESLAMI R. Women's Leisure and Constraints to Participation：Iranian Perspectives[J]. Journal of Leisure Research, 2007.

[20] BUTLER G, RICHARDSON S. Barriers to visiting South Africa's national parks in the post-apartheid era：black South African perspectives from Soweto[J]. Journal of Sustainable Tourism, 2015, 23(1)：146－166.

[21] 董志勇.实验经济学[M].北京：北京大学出版社,2008.

[22] 王铮,吴静.计算地理学[M].北京：科学出版社,2011.